如何豢養一隻奴隸

HOW TO MANAGE YOUR SLAVES

古羅馬管理學聖經

傑利・透納—評註
筆鹿工作室—譯

Marcus Sidonius Falx
with Jerry Toner

馬庫斯・希多尼斯・傅可斯

目錄

國家圖書館出版品預行編目 (CIP) 資料

如何豢養一隻奴隸：古羅馬管理學聖經 / 馬庫斯．希多尼斯．傅可斯著；筆鹿工作室譯．-- 初版．-- 新北市：智富，2016.08
面；　公分．-- (Story；12)
譯自：How to manage your slaves
ISBN 978-986-6151-96-5(平裝)
546.294　　　　105012642

專文導讀 / 翁嘉聲

國立成功大學歷史系專任教授，專業領域為希臘羅馬古典文明以及古代教會史。譯有《歷史 羅馬帝國的崛起》、《世界大戰：20 世紀的衝突與西方的沒落》、《羅馬的崛起：西方史上最偉大帝國的建立》、《漢尼拔與坎奈的幽靈：羅馬共和最黑暗的時刻》等書。

專文導讀 / 瑪麗・畢爾德 (Mary Beard)

英國劍橋大學古典文學講座教授兼紐納姆學院院士，也是倫敦泰晤士報文學增刊的古典學版編輯，並在該報網站撰寫相關部落格 A Don's Life。她常在媒體露面，言談立論有時具爭議性，因此有「英國最著名的古典學家」之稱。著述甚多，探討古典文化及當代對古典文化的理解，已出版書籍包括《赫莉森的創見》、《希臘羅馬古典藝術》、《帕德嫩神廟》，由於傑出貢獻於 2013 年獲 OBE 大英帝國勳章，2016 獲英國牛津大學博德利圖書館頒贈 Bodley Medal 榮譽獎章。

如何豢養一隻奴隸

HOW TO MANAGE YOUR SLAVES

推薦序

翁嘉聲

如果在古代地中海世界，看到遠遠走來的陌生人，心中最先浮現的問題可能會是：「這個人是奴隸嗎？」在古代世界要如何對待一個人，端賴他的法律身份。但誰是奴隸呢？哲學家亞里斯多德認為古希臘人因為有理性，天生自由，理當統治沒理性的野蠻人，所以野蠻人接受奴役是最合理且對他最好的安排。奴隸制度是自然而然，十分適合奴隸。但那些必須為別人工作來換取報酬以謀生的人，在工作期間暫時淪為雇主的奴隸。古希臘人沒有勞動神聖的想法。

古羅馬人接受這樣的邏輯，藉由壓榨奴隸過著「閒暇且尊嚴」（*otium cum*

dignitate）的人生，但更還實際些。希臘人解放的奴隸只能成為外僑，沒有公民權，導致希臘城邦公民戰士數量始終有限，維持小國寡民格局。羅馬立國時雖也只是一介城邦，但廣邀被其征服的民族來分享公民權，甚至讓奴隸解放後成為公民，促成極大的社會流動；任何無法明確回溯世系的羅馬公民，都可能有個曾是奴隸的祖先。這些新血注入到羅馬對外動員擴張時所需的人力資源庫，造就橫跨地中海世界的大帝國。羅馬才是真正的民族大熔爐。

不列顛在皇帝克勞迪烏斯（Claudius）統治時被納入帝國版圖之內，接受文明洗禮，因此根據穿越時空的原則，不列顛劍橋學者傑利・透納（Terry Toner）淪為富有羅馬公民傅可斯（Falx）的四百位奴隸之一，專事聽寫傳抄。身懷此技的奴隸十分珍貴，因為許多古代作家著作等身，經常是作家主人口述，再由此等人接力潤飾定稿。但傅可斯是虛擬的奴隸主，而透納自己透過文學VR技術，根據羅馬共和到晚期帝國超過七百年有關奴隸的資料庫，聽寫代書羅馬人如何管理奴隸。故事從主人傅可斯招待日耳曼特使開始：來客訝異他竟然嚴厲處罰只犯小錯的奴隸，傅可斯才驚覺奴隸制度原來是帝國文明所獨特，決定詳細交代這偉大的文明成就：從如何擔任主人、對奴隸的心態、如何挑選購買、訓練獎懲、管理防範，到奴隸如何看待自己人生處境及所懷前景等。最後傅可斯還一提基督徒如何看待奴隸，結論是：異教徒和基督徒在這方面無甚差別。他知道羅馬奴隸的命運大不同，端賴種種變數，但經常都是奴隸無法掌握，因此從激烈抗拒到別無選擇地逆來順受。這些討論構成羅馬奴隸面面觀。但透納在每章結束後，會取下VR頭罩，暫時離開羅馬時代，以現代人立場評論他虛擬主人的觀點，並交代例證的史料根據。

雖說這手冊定稿於凱撒遭暗殺前一天，但正如虛擬世界，輕易縱橫數百年、數千里，而羅馬法律在這期間多所變化，且因地制宜，曾被視為合理的行為，在另個時代地方卻是非法；不同文類論述也對奴隸狀態提出不同觀照，更讓傅可斯的觀點難以一致。例如法律規定對奴隸要刑求取供，因為奴隸沒有理性，只能以暴力從肉體強行取出證詞，但斯多葛主義卻強調凡人皆有理性，心靈都是自由，鼓勵羅馬人要善待奴隸。但哲學家這種強調肉體束縛無礙心靈自由，豈不也鼓勵大家各安其位，默許自己勞動力被剝奪，因此間接維護奴隸制度的存在？難怪斯多葛主義是鞏固現狀的帝國御用哲學！

儘管這些，透納透過他虛擬主人很全面地展露羅馬奴隸的面貌，而其中說法如果經常彼此抵觸，那是因為奴隸問題原本就十分複雜。另外，這本書另闢歷史「擬真」（verisimilitude）蹊徑，不再只遵循那近乎「綁標」的特定學術規範。因此我們可以放下對嚴肅學術的心防，放心閱讀這虛擬奴隸主那些既現實、但又充滿反諷的說詞，但最後仍然收穫豐富，也得到許多反思機會，想想自己如何對待那些在我們周圍從事4D（Dirty、Difficult、Dangerous）工作、但也「低」薪的人，無論他們是本勞或是外勞，包括出版社永遠超時工作的編輯。

翁嘉聲

二〇一六年七月四日

推薦序

瑪麗・畢爾德

我從來沒有見過馬庫斯・希多尼斯・傅可斯（Marcus Sidonius Falx）本人，但我知道他是何種人物。古羅馬世界有很多奴隸主和他一樣，擁有大批奴隸，這些人終其一生幾乎沒思考過什麼是奴隸制度，他們認為奴隸的存在完全是正常的，是社會階級的自然組成。然而，羅馬人對於奴隸，的確有獨到的想法：要如何控制奴隸，怎樣在親友面前炫耀。聰明的主人（包括本書的傅可斯）實際上可能會有點嚇人，因為他們擔心奴隸會在背後做壞事，在古羅馬文化中數不清的戰役，造就了一個響亮的口號：「所有奴隸都是敵人」，這句話深植於傅可斯心中。而就在惡名昭彰的尼祿皇帝統治時期，有個羅馬財閥被他的四百個家奴殺死。這個消息使傅可斯輾轉難眠，後面你會看到，他因此把自己所有家奴全部殺死，以示警告。

我有點驚訝的是，傅可斯和透納兩個人如此惺惺相惜，傅可斯是羅馬貴族階級，而透納的家族（透納曾經透漏過）則是受到英國名門壓迫的階級（「很久以前一座愛爾蘭的馬鈴薯田」有人曾經告訴我）。

我猜，儘管兩者各有不同的國家政府，但正是由於他們的共通點，傅可斯和透納才會一拍即合。當然，有些主人與傅可斯截然不同，成千上萬的小商人和工匠，家裡只有一兩個奴隸，這些奴隸後來有很多被釋放，無論是男是女，許多還與他們原來的主人結婚。即使是傅可斯的階級，裡面也有一些得到賞識的奴隸助手，衣食優渥，過得比自由的羅馬窮人更好，不必在碼頭過著一天算一天的勞力生活，或是在古羅馬廣場賣花，賺取微薄的收入。有趣的是，其中有些自由窮人還為了那些被殺死的四百名奴隸走上街頭，示威抗議（嚴格的法律處罰）。然而傅可斯卻只重視如何利用大批奴隸的勞力。

對我們現代人來說，想要了解古羅馬奴隸、自由窮人和曾經身為奴隸者，三者之間的關係層面（當時對他們也很難了解）並不容易。但我們可從本書中得到一些吉光片羽，知道羅馬有錢人家對於平凡奴隸工的想法；傳可斯是我們最可靠的資源之一，指導我們認識羅馬人如何視「奴隸管理」為優良傳統。閱讀本書的讀者，每一位都將能分享傳可斯的智慧，受益匪淺，他真是我們學習的好對象。

值得慶幸的是，世界不斷在進步。但傳可斯的文字可提供一種真實的洞見，確實呈現羅馬帝國生活的基本樣貌。若本書出版在兩千年前，必會榮登管理排行榜首。現代的讀者儘管難以控制偏見，但在輕鬆愉快的詞藻掩飾之下，或許會發現傳可斯不全然是個壞人，至少以當時的標準來說。

然而，傳可斯也伸手指向我們。他的部份洞見，至今是否依然幫助我們管理「員工」？我們是否確知，現代的「工資奴隸」與以前的「奴隸」有何不同？而我們與羅馬人又有何差異？

瑪麗・畢爾德 Mary Beard

劍橋，二〇一三年十月

奴隸主記事

馬庫斯・希多尼斯・傅可斯

我的名字是馬庫斯・希多尼斯・傅可斯，出身高貴，我的曾曾祖父是執政官，母親家族隸屬元老院。傅可斯是家族賜名，意思是「爪子」，因為我們一旦抓住，堅決不放。我在羅馬第六「鐵甲」軍團（Legio VI 'Ironclad'）榮耀服役五年，主要對抗麻煩的東方部族，回到羅馬以後，我經營事業，管理坎帕尼亞（Campania）和阿非利加省（the province of Africa）的殷實家產。我們家族無數世代以來，擁有數不清的奴隸。因此對於管理奴隸，我們可謂無所不知。

由於我的文章是為非羅馬讀者而寫，迫不得已之下，只好啟用傑利・透納（Jerry Toner）的服侍，他來自羅馬北方的一個貧窮省份，是個老師，熟悉我們的生活方式，但在他身上看不出我們羅馬的美德。不過，我從來沒有遇過這種低下階級的人，個性還能如此溫和。他未曾參加過戰鬥，連一小瓶摻水葡萄酒都很少有機會喝得到，階級低微，還必須親自清理自己小孩的屁股，家裡沒有奴隸或婦女幫忙這種髒事。然而他有幸娶到一個聰明的美女（不過她的想法的確比一般女性更前進），因此我很欣慰他可以確保我的文字意義清晰，使爾等蠻族讀者能夠明瞭。

馬庫斯・希多尼斯・傅可斯
羅馬，三月十四日
凱撒遇刺死亡前一日
（*pridie idus Martias*）

＊編按：馬庫斯，希多尼斯，傅可斯，為本書真正作者傑利・透納博士的虛擬人物。傅可斯的設定為本書主角，一位古羅馬時代的權貴階級，家中有數百名奴隸。

評註者序

傑利・透納

馬庫斯・希多尼斯・傅可斯的存在，可能成為學術爭論的主題，但毋庸置疑，他的見解確實提供古羅馬人對於奴隸制度的觀點。奴隸制度是古羅馬帝國整體存在的一個核心制度，極為重要，從來沒有人想過它存在的必要性。擁有奴隸，就像在英國威爾特郡（Wiltshire）投票給保守黨，或是在漢普斯特（Hampstead）投票給勞動黨，是很自然的。遺憾的是，我們並不知道奴隸的想法，因為他們的想法並不重要；但他們的羅馬主人對奴隸的想法，我們卻知之甚詳。馬庫斯透過文字所要傳達的意義，存在於古羅馬奴隸制度的文本中，不過他並沒有完全遵從。來源經常模糊難辨，難以解釋，而本書的文字，則是馬庫斯以羅馬法則管理奴隸的一份清楚簡單的手冊。雖然我協助出版此書，卻不意味著我贊成本書觀念，這是毋庸置疑的。

與馬庫斯合作並不容易。他堅持許多強烈而令人不快的觀點，也拒絕承認觀點的謬誤或不道德。但依照羅馬的標準，馬庫斯算是正派的人。他的文字顯示了我們所熟知的古羅馬帝國，隨處皆是如此令人觸目驚心，同時也顯示了奴隸制度的複雜性。

馬庫斯一直拒絕透露他的年齡：他的觀念往往來自數百年以來所有觀念的集合，只是從表面上看起來，他的觀念似乎主要來自西元一、二世紀的古羅馬帝國。我在每一章文字結束後，都會留下一篇短評，敘述當時與他建議相關的社會背景，以及（至少部分是為了我自己的名譽而解釋）駁斥他一些較原始的觀點。我的評註，加上本書末所附的深入閱讀資料，可指引有興趣的讀者繼續探討根源，挖掘研究，進行現代的討論。

傑利・透納

劍橋，二〇一三年九月

序文
我是主人

幾個月前，在我別墅的花園裡，發生了一件值得注意的事。這事件很奇怪，發人深省，因而引導我寫下這本書。

當時我正在招待一位日耳曼族客人，說得精確些，他來自阿蘭族。可能你很疑惑，為何高階級分子如我，要招待一個可悲的野蠻人，但他並不是一個普通的日耳曼人，他是一位王子，到我們偉大的羅馬城來訪，擔任晉見皇帝的大使。由於我們偉大領袖厭倦無關緊要的閒聊，以及只有小門小戶才感興趣的話題，特別要求我，在外國訪客回到自己家鄉的爛泥巴坑以前，先住在我家。

我們當時在我別墅後院一起閒逛，

我正以簡單的拉丁文向客人解釋，廣大花壇裡的各種大理石雕像，是代表神話中的哪一位英雄，以免他聽不懂。

然後，事情就發生了。由於我的注意力都集中在雕像上，沒有注意到小路上躺著一把鋤頭。我一腳踩到金屬頭，木柄瞬間彈起來擊中我的小腿，我哭叫出聲，求救兼喊疼。有個奴隸站在附近，想必鋤頭是他的，他看見我痛得單腳跳，訕笑了一下。我當然怒不可遏，這個沒用的白痴，只不過是會說話的工具罷了，怎可嘲笑主人的不幸。我立刻叫管理人員。

「這個奴隸覺得腿受傷很有趣，打斷他的腿，看他笑不笑得出來！」

他的臉上頓時失去笑容，沒有人理會他的哀求，那是他應得的報應，警衛帶著兩個強壯的隨從，把奴隸壓制在地上，後面一個人帶著一根沉重的鐵棍跑過來，高高舉起，就在此時，我的野蠻客人喊著：「不！」

我轉身面對他，看到他臉色蒼白，有如身上漂白的長袍。

「什麼事？」

他吞吞吐吐。我追問：

「當然，你也會這樣處置你的奴隸吧？」

「我們沒有奴隸。」
他的回答出乎我意料之外。
想想看，一個社會竟然沒有奴隸！簡直匪夷所思！這樣的社會要如何運作？粗鄙的工作又有誰來做？不就是那些比最低階自由人還要低賤的奴隸嗎？你會怎麼處理戰爭中獲得的俘虜？你要如何展現你的財富？我的腦海裡翻騰著無數的問題，憤怒也隨之消散。
「主人，拜託，求求你……」奴隸悲慘地哭著。
「哦好吧……」
我示意管理人員停止，改用木棍小懲大戒。我知道，我知道，我心太軟。但如今奴隸不過輕微冒犯，卻有太多主人不分青紅皂白，迅速了斷奴隸，實在太過殘忍。因此，我寧願先數到十再行動。
我領著困惑的客人回到主屋，我覺得這個日耳曼野蠻人，可能不是唯一不習慣擁有奴隸的人。想不到世界上現在有這麼多人受到媚俗平等的迷惑，很明顯地，人們不再懂得如何正確對待自己的奴隸和下屬。因此我決定設立規範，確保我輩自由人士，可以有效管理侍從。

這是一件至關緊要的任務。所有致力於個人前途發展，渴望獲取權力和財富的人，都應當明白此事，以獲得一臂之力。這些奴隸有幸如願以償，能夠侍奉主人，但是有多少當權者，到現在都不知道究竟該如何對待他們的奴隸，關於這一點，我並不感到驚訝。相反地，他們拼命想要迎合那些本應完全忠誠的奴隸，連最低階級都要巴結討好。我甚至見過一位政治領導人，對路上打掃的婦女露出溫暖微笑，可悲地想要贏得她一文不值的支持。

然而，只要細心研讀我這部傑作，你將可得到對待社會最底層的知識，同時我亦會提供你達成榮耀所需要的代價。我將教導方法，助你達成目標，使家戶內外與主人的期望一致和諧，提供在社會中晉升的安全權力基礎。隨著你的聲名日漸遠播，本書將傳授社交技能，以指揮人群，向你報告。

因此，我強烈建議，所有有心的家長，想要追求領導者角色的人，「不經一番寒徹骨，焉得梅花撲鼻香」？請用我這本集千古偉人大成之書來帶領你。

我相信，擔任主人是一門科學，擔任一家之主，控制奴隸，與在大社會中擔任領導者，兩者是相同的。

我不敢確定領導者和主人是否天賦英才。一些希臘人爭論，根據個人的內在天性，每個人都是不一樣的。從事勞力工作的人，天生奴性，像這樣的人最好能受到我等的控制，因為我輩都擁有高等級的天性。有資格屬於另一個人，在本質上就是奴隸。

對於一個人屬於另一個人，希臘人說，大自然很明顯會故意使自由人的靈魂與身體與奴隸不同。奴隸的身體很強壯，天生適合他們要做的勞動服務，他們的靈魂也不太能夠推理論證。相對地，自由人的身體端正，卻不適合那種勞力工作，他們具有聰敏的靈魂，適合參與政治或軍事團體。當然，自然界偶爾也會犯錯，奴隸得到自由人的身體，而自由人卻只有靈魂，不具自由人的身體。但總而言之，希臘人說，大自然自有安排，會確保每個人所分配到的天性，都符合個人的命運。

然而大部份的羅馬人卻不同意這一點。他們認為，控制另一個人是違抗自然的。因此我等許多接續治理偉大帝國的羅馬人，如今卻不繼承奴隸傳統，甚至荒謬地相信，承襲奴隸是無用的。

羅馬思想家認為，由於社會習俗，致使一個人把另一個人當作奴隸，甚至正氣凜然地指出，很多奴隸在重大危機中有英勇表現，這說明他們天性並非完全是奴性。而且，既然奴隸制度並非天生，表示主人的存在也不是自然的，必須學而習之！

羅馬到處都是奴隸。我聽說，義大利半島約有四分之一至三分之一的居民豢養奴隸。即使廣袤如帝國，在邊荒地區的整體人口也不少於六、七億人，其中或許多達八分之一是奴隸。除了在鄉村郊區有奴隸，羅馬處處都有奴隸活動，奴隸的人口更不亞於任何地方。居住在首都之城的人民約有百萬之譜，其中至少有三分之一是奴隸。雖然這種約略估計不比想像猜測要準確多少，不過至少能讓你明白，奴隸制度對於羅馬世界的重要性。我們羅馬人需要奴隸。

你很可能會問，為何會發生這種情況？為何利用奴隸是有益的，而不是運用自由人的勞力？

容我解釋。在過去共和時代，每當羅馬人征服了義大利一個地區，就會把一部分土地佔為己有，然後命羅馬人民移入定居，打算讓這些殖民地成為駐軍城鎮。

不過由於戰爭，大片土地閒置，無人耕耘；兩軍對抗，地主不是已經被打死，就是逃走。於是羅馬元老院宣布，只要有人願意耕耘這些土地，每年可以獲得10%的年度穀物收成，還有20%的水果產量。這樣做目的是為了提高義大利人口，以勞力為代價，為城邦生產更多的糧食，戰時也充當士兵人口，為羅馬作戰。

羅馬元老院算盤打的精！然而事與願違，結果完全和他們料想的相反。當時的情況是，原來應該分配出去的土地，大部分卻變成掌握在富人手中，一旦富人習慣了擁有大片土地，生活舒適，也明白沒人有辦法把土地搶走，他們就會強迫附近的佃農，把小塊農地賣給他們。如果農民拒絕，他們會直接動武脅迫。

面對強鄰，一個窮農民能夠做什麼來保護自己呢？所以農民往往只好離開，加入軍隊。鯨吞蠶食的結果，富人的土地大幅成長，原來的農田漸漸成為龐大的資產。地主不想依賴被奪走土地的農民來耕耘農地，也不想僱用自由人為他們勞動，因為自由人早晚會受軍隊徵召。所以他們購買奴隸，倚賴奴隸。

事實證明，這種方式非常有利可圖，因為奴隸會自動繁衍許多後代子孫。而且最美好的是，這些奴隸沒有服兵役的義務，因為軍隊不敢倚靠奴隸為國家抵禦外侮。於是地主變得極為富有。同時，奴隸的數量增長迅速，但義大利人口卻變得愈來愈少，少數的義大利人受到苛稅和服兵役的壓迫，變得愈來愈窮。即使義大利人有短暫假期，不必服兵役，這些自由人回到家鄉也找不到工作，因為土地被富人佔有，富人只僱用奴隸工作，而不用僱用自由人的勞力。

當然，由於義大利人變得愈來愈少，元老院和羅馬人民都很著急，因為他們徵召不到足夠的義大利軍隊，但如果徵召奴隸，又怕奴隸擁有強壯的身體，會回頭殺死主人。但是，大家都知道，想要把這些代代相傳的資產，從主人手裡拿回來並不簡單，也找不到理由。主人的祖父種了一棵樹，你怎麼可能把這棵樹拿回來？

有些護民官訴諸法律，想要限制這種資產的規模，並迫使大地主僱用一定比例的自由人。但是沒有人在乎這些法律。因此，奴隸問題並不在於他們可能會造反，而是奴隸的存在，會減少自由農民的數量，導致羅馬顯貴找不到足夠的人可以保衛國家，以維護他們的權力。於是羅馬頒布法令，所有公民在二十歲到四十歲之間，不可在義大利以外地區連續服役三年時間，讓這些自由人可以維持家鄉的小農田。

值得慶幸的是，如今的奴隸主人不再需要擔心這種問題。現代軍隊都是職業軍人，而且奴隸會反抗也已經不知道是多久以前的事了。今日的奴隸主人，要擔心的只有控制好自己的家產。這些教訓從我坐在父親膝頭就開始學習了。

自幼起我便練習權威指揮，每天不斷命令侍從：「把我的披風拿來！」「幫我洗手！」「伺候我吃早餐，小廝！」由於我年輕氣盛，不懂待人接物，父親便教導我尊重那些最低賤的奴隸。

家庭是社會、甚至是所有人類生命的基石。如果沒有家庭提供人類基本需求，就沒有文明的存在。但是，如果一個家沒有奴隸，那就只是一間房子而已。講得清楚些，家庭需要一位妻子和孩子，使我們可以獲益；但家庭裡唯有奴隸可以提供大量的服務，更使我們獲益良多，因為這表示戶長不需要依靠外界提供這些服務。我們都知道，若是想請別人幫忙，是多麼有辱人格，從外面找合約工，又是多麼麻煩。而奴隸接受指示，從不會趾高氣昂，也不會因為自由身份而提高收費標準，或帶著傲氣上工，甚至含糊混過。我們運用奴隸，可以確保工作會完全照我們的意願進行。因此奴隸可將一般家庭單位（family）轉變成一個更重要的單位，也就是有房有產的家庭（household）。

資產家庭就像一個國家的縮影，有專屬的結構、階級和領導權，也有專屬的社會感。丈夫與妻子，父親與兒子，主與僕，都是社會生活的基本組成。因此，奴隸制度是社會組織的重要原則之一。奴隸完全聽任家庭主人的處置，就如同公民必須服從國家的命令。但奴隸制度是「絕對服從」，奴隸與主人沒有親戚關係，不需承擔婚姻的權利與義務，奴隸的身份由擁有者賦予，主人給奴隸取名。

就這方面而論，奴隸制度就像是「社會性死亡」，如預期地完全服從。遺憾的是，有時奴隸必須經過強迫和磨練，才會順從，因此必須打倒他們的精神。基於此因，有些自傲的民族，戰敗以後拒絕投降。例如西班牙的坎塔布里亞（Cantabri）民族，在革命反抗後失敗，寧死不屈。

所有的奴隸都沒有合法的權利，但我們不應該因此假設奴隸執行任務，會屈居於自由人之下。事實上，我們接下來都會看到，很多奴隸都仗恃主人的權力而身居要職。相對地，許多貧窮的自由人，則必須擔負低下的任務，才能使家人溫飽。

奴隸所負責的任務令人眼花繚亂，無論是老邁的守門僕，或是在餐桌旁負責倒水的小男僮，或是在臥室服侍主人的美麗女奴，在龐大家產中，奴隸執行各式各樣的工作，滿足主人的所有需求。

父親教育我，奴隸還有一種用途，就是用來炫耀！

奴隸在道德上毫無價值，只是純粹的物品、財產，但即使如此，他們的存在可賦予主人高階地位。如同一匹好馬可反映騎師的優勢，一個有禮而順從的奴隸，可彰顯主人的體面。如果家裡有四百名這樣的奴隸，可想見將能展現多大的榮耀！唯有社會的最高階級，才有能力去維持如此令人印象深刻、令人崇敬的僕役團。

奴隸可能本身是大懶蟲，但他們服侍的對象卻很高貴。如果你也想學習如何對付奴隸，使你富貴雙全，請繼續閱讀。無論你的時代與古代原則的差異有多麼大，都不該因此減損你的學習心。你會發現，對於古代的方法，你不但不會排斥，反而會更加認同。閱讀，再學習。

序文
評註

阿蘭族（Alan，日耳曼族的一支）沒有奴隸，這個事實對於我們的羅馬作家馬庫斯來說，是一件超乎尋常的事。

西元四世紀，歷史學家阿米亞努斯（Ammianus）覺得這一段歷史特別值得記錄，因為羅馬讀者會很好奇，很想知道。羅馬人沒有廢除奴隸制度的討論，因為這是一種社會常見的現實生活，就好像今天的人擁有一輛車或養一隻貓一樣平常。富裕的羅馬人認為高水準生活必須要有奴隸，就像我們認為現代家庭必須有基本電器。

奴隸會做所有你不想自己做的事，洗衣服，打掃，甚至幫你洗背，各種大小範圍，奴隸都會提供服務。但各人命不同，奴隸也一樣。城市裡的家奴，與在田裡工作的奴隸，兩者有很大的差異。城裡的奴隸除了具有工作效率，還要彰顯主人的地位，與現代居家的家電家具功能很類似（我們是否真的需要一百吋大電視？），即使是在鄉間田野，豢養奴隸可能首要因素也不見得是基於經濟，但是對於擁有龐大農莊的富人來說，奴隸的角色的確至關重要。

希臘人對於奴隸的天性，比羅馬人更有強烈的主觀意見。亞里斯多德有一場著名的爭辯，認為奴隸天生是奴性，因此希臘上流階級擁有奴隸是正確的。在雅典人的社會，公民與奴隸有明顯的鴻溝，因此即使奴隸獲得自由，也難以融入社會。在羅馬，運作的模式則完全不同，大批異族人融合為相同的風俗習慣。這就是羅馬偉大成功的主要原因之一——能夠讓各國外來人口接受他們的神祇，因而隨著領土擴張，也擴大了人力資源池。

因此，在這樣的社會中，沒有理由永遠排除奴隸、不將奴隸納為羅馬人的一份子。而是用另一種更為合理的觀點，將奴隸制度視為一種臨時狀態，等到奴隸能夠展現出適當的態度，就能拿到羅馬公民權。因此令人驚訝的是，羅馬奴隸制度反而有助於社會流動性與結構剛性。

在羅馬法律中，奴隸有幾種合法權利，但沒有人嚴格遵守，尤其是在城市家庭中。城市的奴隸通常得到許可，可以擁有金錢和財產，但根據「羅馬法」（*peculium*），奴隸的財產實際上是屬於主人的。羅馬法規定奴隸不能結婚，但實際上他們會得到許可，結合為伴侶。在帝國時期，奴隸獲得更多的法律權利，例如：他們可以向羅馬皇帝雕像申訴主人的殘忍虐待。但得到皇帝的注意，不見得表示皇帝真的想要改善奴隸的狀況。身為最高領導者，皇帝僅僅是干涉各類議題。人民仰仗領導者來提供指導和法律，知道家裡哪些事務是在法律上是得到認可的。

對於羅馬世界的奴隸數量，我們要注意，因為數字幾乎都是猜測。現存的證據很少，也很薄弱。你可找到華爾特・雪戴爾（Walter Scheidel）刊載於《羅馬研究期刊》的「羅馬義大利的人口流動性 II：奴隸人口」文章，討論奴隸在社會上的流動性和變化程度，以及《主題》（*Topoi*）的「羅馬義大利的奴隸人口：猜測與限制因素」。〔'Human Mobility in Roman Italy, II: The Slave Population', in the *Journal of Roman Studies*, 95 (2005), 64-79, and 'The slave population of Roman Italy: speculation and constraints', in *Topoi*, 9 (1999), 129-44.〕。

關於阿蘭族沒有奴隸的故事，請見馬塞林（Ammianus Marcellinus 31.2.25），哲學家塞內加（Seneca）不滿，主人一生氣，就急著拿鞭子處罰奴隸，犯一點輕微的罪行，例如頂嘴或給臉色，就會打斷腿，見《談憤怒》（*On Anger* 3.24, 32）。馬庫斯對於本書目的，解釋來源是根據科路美拉的《農業論》（Columella, *On Agriculture*）前言。奴隸的法律地位可以在《法學學說匯纂》（*Digest* 1.5）中找到。亞里斯多德《政治》（*Politics* 1.2）包括家庭，奴隸工具，以及奴隸是否天性等的討論。關於古代分析為何義大利的奴隸增加，請見阿皮安《內戰》（Appian, *Civil Wars*, 1.1）；並可以與基斯・霍金斯《征服者與奴隸》（Keith Hopkins, *Conquerors and Slaves*）第一章相對比較。

第一章
如何買奴隸

雕塑家想要製作一件偉大的藝術品，必須尋找心目中最完美的一塊石頭。身為奴隸的主人，同樣必須了解，唯有選擇天生聰慧的人才，才能指望他們展現愉快、勤奮和服從的理想奴隸特質。因此，從市場上選擇最好的奴隸，至關緊要，一定要小心注意奴隸的身體、心理或道德面沒有任何缺陷。在此我將教你如何完成購買奴隸的艱鉅任務。

首先是購買地點。很多人都說要去羅馬廣場，卡斯特（Castor）神廟後面，不過最好還是忽略這個建議，那裡販賣的只有最低賤粗鄙的奴隸。最好的奴隸販子是在萬神殿（Pantheon）附近的朱莉亞投票區（Saepta Julia），尤其是如果你想找一些脾氣溫和的男孩，或是帝國邊境具有異國情調的地區，甚至從帝國以外的地區找來的奴隸，例如衣索比亞，這裡的奴隸販子都能滿足你的需求，但是你必須直接問他們，有什麼特別的藏在鋪子後面。他們總是會把上等好貨保留給最優質的客戶。如果你想要找一個閹割過的男孩，那也不困難，儘管理論上法律禁止這種交易，不過只要你想要，不怕買不到。

既然談到法律，合法的奴隸來源，大多是來自戰爭的俘虜，不然就是女奴隸生下的小孩，但實際上還有其他供應管道。有些人窮途末路，只好出賣自己為奴以還清債務，或是賣掉自己一個小孩，拿錢養活其他的小孩。有些人會把私生子丟到偏遠地區的垃圾場，這些嬰兒被撿到以後，往往會被當作奴隸養大，但嚴格來說這樣的孩子應該屬於自由人。人們也懷疑奴隸販子經常向誘拐犯、強盜犯買「貨」，這些人在遠方沿海地區專幹海盜，襲擊、搶奪成年人和兒童，再把他們賣掉。

至於我們軍隊在戰爭中擄獲的俘虜，合法性是毋庸置疑的。軍隊沒有因為勝利的高亢情緒而屠殺這些俘虜，反而出於善念放過他們，讓原本命運悲慘的他們，可以為我們提供服務，這是他們軍事反抗的報應。來自富貴家族的俘虜，只要家族支付令人滿意的贖金，就可以恢復自由，而其餘的俘虜只好透過奴隸制度，以餘生自行償還。

我曾經親身參與掃蕩波斯帝國與我國之間小城的侵略行動。當時我們曾嘗試說服居民投降，以換取他們的和平與性命，他們不合作，於是我們奮力攻擊，以攻城槌破門，迅速打穿城牆。控制外圍地區以後，我們開始大屠殺，無論是男女或小孩，格殺勿論。大多數居民逃入中心的舊城區，派出使者與我們談判，試圖挽救自己的性命。可惜他們太笨，不懂得及早接受我們的慷慨提議。

我們決定，願意交付兩千羅馬銀元（sesterce）的人，可以獲得自由。最後以金錢贖身的總共約有一萬四千人，剩下大概一萬三千人，連同其他所有的戰利品，統統待價而沽。

指揮官慷慨地贈與我們其中一半的奴隸，以獎勵我們的赤誠。其餘的奴隸賣掉，以增進國家的利益，他到戰前祈願的一間小寺廟還願，感謝神明庇佑我們勝利，剩下的則充入私囊。

當然，這場小戰爭所牽扯到的金錢數字，與凱撒大帝（Julius Caesar）的大捷相較之下，只能說是小巫見大巫。凱撒在高盧一戰，據說擄獲百萬奴隸。後來耶路撒冷一戰，猶太人失敗，整個民族幾乎全部都成為奴隸。還有偉大的圖拉真（Trajan）征服了達西亞（Dacia）王國，俘虜的人更是不計其數。相較之下，我們只是小咖。

一旦成為奴隸，無論是經由哪一條路徑，最後都會被賣到前面提過的任一間奴隸鋪子。一般來說，奴隸要站在一張高台上，讓買家能夠看個清楚。新的奴隸腳上會被塗上白色粉筆記號，脖子上則掛著一個木牌，寫著奴隸的出生地和個人特點等等訊息。

奴隸的販售，是由貴族市政官（Curule Aediles）制定相關法定命令（Edict）。這樣做的目的是為了確保準買家確知所有有關於奴隸的事，及早發現可能的疾病或缺陷，例如這個奴隸是否曾試圖逃跑，個性是否懶散、不盡忠職守，是否有過任何法律賠償的糾紛。

奴隸販子必須標明每個奴隸的出生地，關於這一點，你應該特別要注意，一個奴隸的出生地，往往會決定了這個奴隸究竟好不好，某些種族的奴隸，口碑最佳。例如，沒有人會考慮使用一個討厭的小不列顛人（Briton）作為貼身僕役，他們的舉止態度太粗鄙。相較之下，年輕的埃及男孩則可成為優秀的寵物。

關於奴隸的出生地，各有各的喜好，每個人的觀點都可能不同，然而大家都對同一件事有所共識，那就是「沒有人願意用羅馬公民同胞當作奴隸」，因為這些人很有可能身陷沉重的債務。所以羅馬奴隸應該要賣到國外，以免造成自己人的心理壓力，畢竟命令自己的同胞去做那些卑賤的事，面對同為驕傲的羅馬人，實在是不容易。

出身自由的羅馬人，不應該變成奴隸。但即使是日耳曼的野蠻人，遇到這種情況，同樣會拒絕驅使自己的人。有一件事你可能會覺得很驚訝，倔強的日耳曼人是狂熱的賭徒，他們熱衷的程度，為了賭贏最後一把骰子，會不惜一切，寧願失去自由，輸的下場就是被拴上鏈條帶走。他們聲稱這是為了捍衛自己的名譽，但我覺得沒那麼高尚，不過是固執而已。當然，最後贏家必定會把失去自由的人賣到國外為奴，免得每天見到輸家在附近勞動，想到自己曾經助紂為虐，會感到很慚愧。

偉大的哲學家塞內加認為，家奴是最好的，因為家奴的生活很單純，不太可能會抵抗。西塞羅（Cicero）的朋友阿提卡斯（Atticus）更挑剔，他家裡只用家奴的後代為奴。在他看來，家奴的後代最可能忠於自己的主人，會視主人為父親，不會因為奴役而產生怨恨。然而這樣會產生一個問題，家奴產生後代，不僅花費大又耗時，這部份我們等一下會看到。

而且，很多人認為，無論是什麼樣的奴隸，只要是新人，就像溼黏土一樣，能夠隨主人意願，塑造成任何形狀。就好像小狗，可以快速訓練，以執行任務，不必經過漫長時間養大，一樣可達成同樣的目的。反之，剛擄獲的野蠻人顯然需要重新改造，如果要買這樣的奴隸，務必要記住，他們需要一段時間才能逐漸適應自己新的低階級生活。在這個早期階段，我們應該向他們展現一些寬容，甚至一些同情。這些奴隸試圖維持原本微弱的尊嚴，因此對於我們分配給他的骯髒任務，沒有心情去執行，我們怎麼能不感到可憐？

在訓練的適應階段，如果他無法跟上你的步伐，不要處罰得太嚴厲。或者，他可能還沒習慣整天站著，等待主人的召喚，因此經常打瞌睡。同樣的，也不能指望從別處轉手來的奴隸，可以立刻與自己的新角色無縫接軌。如果他們原來都過著安逸的羅馬城生活，常常過節放假，家裡的工作也不重，他們會發現鄉村生活令人精疲力盡。

有一點你務必特別留意：同樣出身或國籍的奴隸，不可一次買太多。儘管這樣的奴隸表面上容易相處、合作，訓練起來似乎很輕鬆，但是他們講同一種語言，這件事實會產生很大的問題。最好的情況，這些奴隸會聯合一氣，工作偷懶，坐在一起聊天，偷你東西；最壞的情況，他們會回嘴，打架，私下計畫逃跑，甚至殺了你。因此，奴隸的來源最好是來自不同國家種族，這樣他們無法相互交流，不僅可以阻止奴隸串通勾結，推卸責任，也可以強迫他們學習簡單的拉丁語。漸漸地，你將能任憑自己的意願，下達命令，也可以知道他們談話和八卦的內容。

還有一個重點，購買奴隸時千萬要小心，不要買到海盜搶來的奴隸。有一次，我買到了一個錯誤的教訓；奴隸販子沒有老實告訴我怎樣得到這個奴隸，誤導我買下他。等這個奴隸學會說拉丁語，他堅持自己是個自由人。

他聲稱自己來自亞得里亞海的小城莫索里（Mothone），一天來了一批船舶，假裝是從東方來的商人。他們要買葡萄酒，也答應莫索里居民的價碼，還賣了一些批購來的香料。第二天，住在附近的人聽到消息，有機會做生意，也可以購買充滿異國情調的東方商品，因此來的人愈來愈多，碼頭擠滿了人，男男女女都想要把葡萄酒賣給商船，以物易物換取商品。但葡萄酒載運到港口的時候，這批商船顯露出隱藏的海盜嘴臉，突然把男人和女人一網打盡，強迫登上船，等到他們離開以後，整座小城的人幾乎都被抓走。

當然，我認為他是在說謊，以為這樣可以騙倒我，贏得自由，但他非常堅持，甚至說服官員審理他的案件。他當然沒有成功，案件由於缺乏證據而被駁回。最後，我只好被迫以賤價把他賣掉，雖然損失慘重，但至少以後我再也不必忍受他的抱怨。

基於商品價值的不同，你準備支付的奴隸價碼，會有很明顯的差異。奴隸並不便宜。平均而言，一個健康的成年男性奴隸，介於十五歲到四十歲之間，應該支付的價碼是一千個銀元。類似條件的女性奴隸價格比較低一點，大約是八百銀元。而一個窮男人想要養活一家四口，一年大約需要五百個銀元，這個數字可以讓你評估一個奴隸的投資。

如果是超過四十歲年紀比較大的奴隸，或是八到十五歲的年幼奴隸，大約都是八百元。如果年紀更大或更年幼，超過六十歲或不到八歲，價格會更便宜，成本可以只有四百元。但如果奴隸已經練就了一些本事，如閱讀、記帳或理髮，價格會高得多。

當然，如果你的資金允許，你可以砸大錢買奴隸。有些富人願意付出巨額資金，用於特殊的標的物，以反映或提升主人的地位，這種例子很多。

例如，奴隸販子托拉尼烏斯（Toranius）把兩個特別有魅力的雙胞胎奴隸賣給馬克・安東尼（Mark Antony），據說他支付了二十萬銀元。但結果卻發現這是一場騙局，因為一個奴隸實際上出生在亞洲，另一個是來自阿爾卑斯山北方，因為雙胞胎的口音不同，才洩漏了這個秘密。

馬克・安東尼很憤怒，他去找托拉尼烏斯，這位販子思維敏捷地回答說，他要求這麼高的價格，原因在於雙胞胎本就很相似，沒什麼了不起，但是要從不同種族找到兩個相似度這麼高的男孩，就像孿生兄弟一樣，才是最獨一無二的，因此價碼自然不能太低。

馬克・安東尼聽了非常驚訝，儘管他盛怒而來，但他現在認為，這兩個「雙胞胎」是他所擁有財產中最好的，還能恰如其分地反映出他作為羅馬的共同統治者，與奧古斯都・屋大維（Octavian）平起平坐。

我想補充一個我所聽過購買奴隸最「正常」的價格。馬庫斯・司考路斯（Marcus Scaurus）出價七十五萬銀元，從披紹魯姆（Pisaurum）的阿蒂烏斯（Attius）手裡購買文法學家達夫尼斯（Daphnis）。當然，這個數字已大大超過著名奴隸演員的價碼，這些演員由於有大筆的收入，因此購買自由的價碼高昂。很久以前，戲劇演員羅歇斯（Roscius）每年約可賺五十萬銀元，因此如果想要得到自由，必須付出更高的代價。

還有一些特殊案例。尼祿（Nero）皇帝有一個奴隸，負責統領軍隊，以抵抗亞美尼亞的提里德特（Tiridates in Armenia），這個奴隸以超過一千三百萬銀元，把自己的自由賣給尼祿，以換取軍事侵略。因此，普利斯庫斯（Lutorius Priscus）向皇帝提比略（Tiberius）的心腹塞揚努斯（Sejanus），以五千萬銀元買下太監裴隆（Paezon）。這個高價是為了滿足他的虛榮，展現他的財富，而不是因為奴隸值得這個價碼。從這個數字可以看出當時是多麼可怕和焦慮的時期，在塞揚努斯的惡勢力影響之下，人們過於關注討價還價，無法制止這樣可恥的天性。

如果你想要買一個奴隸，值得花一點時間好好想想奴隸的個性特質。他看來意志薄弱或魯莽？最適合工作的奴隸，既不是非常懦弱，也不會英勇無比，以免引起麻煩。太容易被嚇倒的人，沒有辦法完成工作，而擁有太多勇氣的人，則難以控制。

另外，在一些職位上，尤其是關於選擇家庭僕役，順從、卑恭鞠膝的人最好。家奴應該像要老鼠一樣，安靜、膽小，總是忙著四處流竄。當然，你也要提防有人只是為求平靜的生活，而故意展現這些特質。很多奴隸表現得很溫順，是為了要贏得一些輕鬆的家庭職位，例如餐桌服務生，這樣他們有機會在兩餐之間好好休息，還可以得到我們的盤子上吃剩的精美廚餘。

購買奴隸的時候，買家一定要當心！如果你看上一個奴隸，務必要面對面做檢查。就像如果你打算買一匹馬，就要除去馬的罩子，仔細檢查體型，以發現任何潛在的問題，所以你應該讓奴隸販子把奴隸的衣服脫掉。奴隸販子最不可信，他們會千方百計設法用服飾隱瞞奴隸的缺陷，像是用很長的外遮蔽膝外翻，或是顏色鮮豔的衣服使你沒注意到奴隸的細瘦手臂。檢查男奴是否擁有完整的睪丸，因為你可能想要繁殖奴隸後代。換句話說，你必須時時動手摸、動手摸戳，以確保可以發掘眼前商品範本的所有真相。

講到奴隸販子的不擇手段，你必須不惜一切代價進行防範。他們唯一的興趣就是盡可能得到最大的利潤，因此為求達到目的，將不惜一切掛羊頭賣狗肉。如果這位奴隸販子本身是個太監，那真的是最糟糕的情況，因為他們甚至會違反自然定律，殘害商品，為的就是要增加奴隸的商品價值。很多奴隸在運輸到市場途中都會受到損傷，例如體重減輕或被鏈條擦傷，請小心有些販子會耍花招來掩蓋這些缺陷。

比如，他們會把瘦弱的奴隸，塗上乳香樹的樹脂，使奴隸的皮膚鬆弛，看起來變得膨脹飽滿。或者，他們會用血液、膽汁和鮪魚肝製成的脫毛膏，除掉青春期男性的頭髮，讓奴隸看起比較年幼。或者，他們會把扁豆根混入甜葡萄酒，讓青春期的青少年男女喝下，減緩性徵和性發育時間。另外還有一些詐欺的手段，包括把生病奴隸的蒼白臉頰塗上顏料，或用華麗的服飾掩蓋奴隸身上剛癒合的舊傷和疤痕。

提出問題。不要相信奴隸販子所提出來的價格。問問販子，奴隸的個性如何。如果奴隸是女性，讓販子保證她能夠生兒育女。查問女奴隸是否曾經生過死胎，或是月經週期是否正常。問清楚奴隸從前是否犯過死罪，嘗試脫逃，或者是否曾被罰到競技場打野獸。所有這些特質，你都不希望在自己家奴身上看到。

對於聰明的奴隸要特別當心，除非你想要找一個奴隸訓練成為寫信人或讀信人。聰明的奴隸，往往在任何職位上都會造成麻煩。另外也要打聽奴隸是否有道德缺陷，例如有沒有賭博的習慣，有沒有酗酒的壞記錄，還是男奴隸竟然喜歡男奴隸？

小心不要買到有憂鬱症的奴隸。擔任奴隸已經是最糟糕的工作了，如果有抑鬱傾向，奴隸的心情會低落。事實上，如果奴隸經常崩潰，以淚洗面，或是企圖自殺，而我們卻必須倚賴這些奴隸，這對於擁有奴隸的主人來說是很嚇人的。法律規定，賣方有義務告知可能的買家，奴隸是否曾經企圖自殺，但我們不能完全相信賣方會完全告知真相，所以最好還是相信我們的直覺。這個問題可能會比你所想像的更加普遍。因為，正如諺語所說，「寧願美麗的死，而不願屈居奴隸」，以及「如果你不想做奴隸，你會很悲慘；但你不可能不仍是奴隸」。

一旦你精心選中奴隸，並商定一個價格，請確保你會拿到合約。依照我國的合約法，奴隸商應該要有一個擔保人為他作保，如果買家不滿意，可以提供合理的處理方式。合約要註明您的姓名和職務，奴隸的名字或稱呼、奴隸的種族、價格、奴隸販子的名字、擔保人、日期，以及簽訂合約的地點。請注意，在購買奴隸時，原則上奴隸自己的財產，包括奴隸所儲蓄的任何金錢，除非另外說明，否則都可以隨著奴隸一起帶走。

請確保你得到奴隸商對於奴隸健康的書面保證，還要注意書面保證的內容，例如是否有疾病、逃跑傾向和賭博習慣，這些必須以書面寫清楚。但是懶惰、有口臭等缺點則不必要白紙黑字。健康這個字眼是很模糊的，例如，已經被切掉舌頭的奴隸，算是健康嗎？事實上，奴隸有多少，奴隸可能有的小毛病就有多少。這些奴隸我都見過：尿床、癲癇、缺趾、口吃、偷竊。我們都知道壞奴隸是什麼樣子：善變、懶惰、動作慢、遲到、貪婪、固執、面貌醜陋、大肚子、眼睛斜視，說話的時候聳肩駝背。相較之下，我們都知道好奴隸是什麼樣子，好奴隸是：忠誠、勤奮和警覺。但問題是，由於奴隸商的粉飾，想要分辨奴隸的好壞通常是非常困難的。

購買奴隸的時候，你還必須考慮打算分配給奴隸什麼工作，可能的任務有好幾種。奴隸大致可分為兩大類：鄉村和城市。鄉村奴隸可以教他們種田、修剪樹枝、打水、做陶器、打掃等。婦女奴隸可以分配的工作包括：收折衣服、家具拋光、秤羊毛、按摩。分配到城市家庭工作的奴隸，還需要有能力做特定的任務。例如，美麗的奴隸，最適合餐桌服務。如果你很富有，你要有一群隨身奴隸，在家中擔任不同的職務。你必須要有轎夫，有一個幫你朗讀信件、幫你寫信的秘書，你甚至可以找一個懂樂器的奴隸，可以在進餐時間提供輕柔的音樂伴奏。還有許多不同的職務，比如大門守衛、侍妾、計時人和信使。

女奴用來做家務和繁衍後代。當然，還是有些不名譽的傢伙，會買下女奴送到妓院賣淫。現在有很多羅馬母親不願意親自哺乳餵養己的孩子，寧願把此艱鉅任務交給女奴奶媽。因此，選擇合適的奶媽顯得尤其重要，因為這個女人往往是你的孩子叫「媽媽」的第一個對象。

以照顧我的孩子來說，我會用自己女奴生出來的後代童奴，畢竟這些童奴視我為父。等你成為主人，親近的奴隸都是自幼照顧你的奴隸。我童年時期的家庭教師是菲利克斯，從前他每天早上送我去上學，幫我解除所有問題和麻煩，保障我安全，從伺候我穿衣到與角鬥士遊戲，他什麼都做。當然，他被分配到這份工作，是因為他沒有其他用途。正如偉大的雅典政治家伯里克利（Pericles），看到一個奴隸從樹上掉下來，摔斷了腿，於是伯里克利說：「他剛剛變成了家庭教師。」

許多家庭教師其實都有高學歷。你應該決定是否給你的兒子一個完全沒有受過教育的幫手，像菲利克斯那樣，或是找一個接受過良好教育的奴隸，可以幫助你的兒子成長為偉大的演說家，達成你的目標。最糟糕的是用到沒有受過什麼教育的奴隸，卻被他們的小聰明所說服。這種奴隸只會干擾孩子原本該受的適當教育，有時甚至反而會不幸地把他們的愚蠢加諸於孩子身上。這一點特別重要，因為這些教師很容易會把自己的惡習感染給我們的後代。即使尊貴如亞歷山大大帝，也受到自己家庭教師李奧尼達斯惡習的影響。

切忌排場鋪張。有些粗俗的暴發戶新貴，僱用一大堆完全沒有必要的奴隸，叫他們做最沒有意義的工作，只是為了宣揚主人的財富。我認識一個重獲自由的人，他非常富有，僱用了一個喚名僕役，是用來幫助提醒他來訪的客人名字。一個客人的姓名，需要奴隸來提醒主人，這是何等羞辱。更糟的是，主人把這些工作交給一些老僕役，這些老傢伙什麼有用的差事都做不了，腦袋隨著年紀愈來愈差，總是犯錯，造成極大的尷尬誤會。

另一個利用奴隸最離譜的是卡爾維西烏斯・撒比努斯（Calvisius Sabinus），他繼承了巨額遺產，非常富有，卻沒有受過教育，記憶力也很差，甚至不記得荷馬史詩中英雄的名字。但他希望自己看起來接受過良好教育，能與自己的財富匹配，因此花費巨資購買了一些聰明的奴隸，派遣他們去記誦偉大的文學作品。其中一個奴隸要背誦整部荷馬著作，另一個則是負責赫西奧德（Hesiod），還有另外九個奴隸，要死記硬背古希臘九大讚美詩人的作品，經過訓練，好不容易讓這些奴隸學會讀書，眼看目標就要達成。但是，自從他這批文學奴隸團就位，他就開始糾纏宴請的賓客，不斷要求賓客說出一些詩句，好讓他的奴隸可以引經據典。撒比努斯聲稱，這些奴隸花費了他不少財富，還不如買相當數量的書櫃，花的錢還比較少。

當然，不是所有奴隸的主人都這麼無聊。我們的國家還僱用了許多公共奴隸來維持帳戶的可靠，維修道路。如果你想要購買二手奴隸，這些標的會讓你的投資有所回報，因為這些奴隸不至於過度操勞，也希望有機會能到私人家庭的活躍氣氛中工作，即使地位會變得比較低，他們也不在乎。不過，儘管國家的奴隸已經經過照料，還是需要加以訓練。

從前皇帝圖拉真把普林尼（Pliny）送到俾西尼亞（Bithynia）擔任總督，調查貪官污吏，他發現躲過懲罰的罪犯，都變成了公共奴隸，甚至還得到一般公共奴隸的福利，有年度薪俸，已經工作了很長一段時間。事實上，很多人當時已經很老，而且就各方面來說，都已過著合乎道德的生活。皇帝自然會要求這些罪犯得到應有的懲罰，不過既然時間已經過去這麼久，他們也付出應有的代價，因此只罰他們在公共浴池工作，或清潔下水道。

至於所需購買的奴隸數量，偉大的伽圖（Cato）說，關於鄉村奴隸，要根據莊園的規模以及作物種類來計算。他舉出橄欖樹和葡萄園為例，設計了兩種公式。

第一種公式，他解釋六十公頃的橄欖園所應有的配備。對於這種規模的農場，他表示，應保持有十三個奴隸：一個監工、一個管家、五個工人、三個卡車司機、一個馬夫、一個養豬人、一個牧羊人。

第二個公式，是二十五公頃的葡萄園，應保持有十五個奴隸：一個監工、一個管家、十個工人、一個卡車司機、一個馬夫、一個養豬人。

有人指出，每兩公頃要配有一個男奴，要在四十五天內耕耘完成這片土地，時間容許一些不便和不適，如生病、天氣不好、身體困頓等。但我個人認為這些規則過於模糊。伽圖應該根據比例來說明他的公式，這樣我們才能依照自己農場的大小來增減人力。再者，他應該把監工和房子裡的管家不計算在奴隸人數裡面。因為即使你的橄欖園不足六十公頃，也至少需要一個監工。

至於管理牲畜的人，數目和計算方式會根據情況而異。我自己的算法是，每八十至一百頭羊生產羊毛，就需要一個牧羊人。即使羊群數量很龐大（有的多達一千頭），事實上所需的牧羊人並不會比較多。我自己的羊群有五百頭。另有母馬五十頭，需要兩名男奴，但兩人各佔一匹馬。富有的地主，通常會託付龐大的家產給自己的家庭成員。如果城鎮和村莊距離他們的農場太遠，就要在農場僱用鐵匠等必要的工匠，讓農場上的奴隸沒有藉口可以不工作，以免他們無所事事，好像在放大假，造成農場失去利益。

哦，與我們祖先的偉大日子相較，我們現在竟然還需要討論如何將奴隸物盡其用！古早時候，祖先們生活簡樸，主僕的飲食都是一樣的。如今，我們甚至要鎖住儲藏室，以防大批家奴偷竊家裡的食物和葡萄酒，是我們自己把這一大群外人引到自己的家園裡。奴隸真的是太多了，多到我們還需要找另一個奴隸來管理，才能知道所有奴隸的名字！

古早的自給自足究竟發生了什麼事？為何如今我們需要大批奴隸隨從，只為了炫耀自己的富有？看看天，所有的神祇都是赤裸裸的；他們付出所有，自己卻一無所有。再看看地，看看貪婪的人類驅使著各式各樣的奴隸，把自己包圍起來，只為了提高自己的公共形象。

從前，羅馬大將龐培（Pompey）所釋放的自由奴德米特里（Demetrius），變得比龐培更加富有，德米特里不覺得羞恥，但是否快樂呢？他每天都要使喚一長列的奴隸，好比自己是個掌握千軍萬馬的將軍。如果他麾下只有兩個奴隸，不但可以比較知足，寢室也可以不必那麼大。羅馬哲學家戴奧吉尼斯（Diogenes）身邊只有一個奴隸，奴隸跑了，有人報信奴隸的去向，他覺得不值得花功夫去把奴隸找回來。他說：「我的奴隸摩尼（Manes）不需要我就可以生存，但若我戴奧吉尼斯沒有摩尼就無法生存，這於我是不名譽的。」我認為他的真意如此：「現在，那可悲的奴隸跑了，我終於重獲自由！」

奴隸是開銷，不是收入。你要注意那些貪婪傢伙的胃口。你要給他們買衣服。你要看緊那些小偷，不讓他們有機可乘。你要用那些討厭你的人。倘若一個人需要負責的唯一對象，就是可以輕易否定的自己，那麼，這個人將會多麼快活啊！

但是，命運使我們成為富人，我們無法抗拒命運。或許我們應該就這樣接受命運，羅馬人註定要統治世界，這是寫在星象裡的。擁有奴隸是無可避免的。最起碼，你應該把你的矛盾心態，顯示在你賜給奴隸的名字。選擇一個令人愉悅的名字，或你買他的地點，或是帶有黑色幽默的名字，表示財富雖然選擇了你，你卻不在意財富。例如，有一次我以微不足道的代價買了一個奴隸，在把他送到我鄉間別墅的旅途中，他卻摔斷了手臂。所以我叫他「幸運」。

第一章 評註

古羅馬時期，大部分關於購買奴隸的細節記載，一般都來自於城市地主購買少量的奴隸。這些奴隸實際上與主人生活在同一屋簷下，提供主人與家族個人服務，在這種情況下，奴隸的待遇通常都比較優渥。然而鄉間的情形卻很可能大有不同。特別是大型莊園，主人不可能仔細照顧奴隸，因此購買奴隸的人大多是莊園管家。因此很明顯的，主人的家產規模，會決定主人親自參與購買奴隸的程度。

奴隸的獲取量，會影響買家的選擇。在羅馬的偉大軍事勝利之後，新奴隸的供應量充足，價格可望下跌，使買家比較放鬆警戒。

一個生而自由的羅馬公民，未經許可，無論男女都不能合法地放棄法律賦予自己的地位。但羅馬世界的社會生活有一個可悲的事實，許多生而自由的嬰兒被沒有能力養育小孩的父母所拋棄，或是因為不被期待而遺棄。這些棄兒只能自生自滅，或是被狗吃掉，不然就是被奴隸販子撿到，或是被其他人撿到。這樣的孩子會自動成為新監護人的奴隸。儘管在一些戲劇化的情節中，這類棄兒偶然有一天會被親生父母找回來，但我們可以很安全的假設，這種情況非常罕見。

我們並不確定羅馬人是否會主動讓奴隸生育後代，繁衍下一代奴隸。但由於羅馬人並不禁止奴隸結婚，因此奴隸生育後代是自然現象。

奴隸結婚似乎會希望得到主人的准許，但主人對於奴隸的結合，所參與的程度依然未知。如果需要得到主人的回覆，我們可以合理的假設，主人會想要避免兩個麻煩的奴隸結合，但這並不表示主人會從自己所有的奴隸中，精心挑選健康的奴隸，管理奴隸之間的結合狀況。尤其是主人往往會與奴隸性交，如果男主人性交的對象是女奴，使女奴懷孕，在法律上，即使女奴所生後代的父親就是男主人，但這些後代依然是奴隸。

我們要注意奴隸的價格波動。奴隸的價格估算，是基於奴隸群體存活的狀況。在羅馬帝國晚期，由於通貨膨脹，奴隸的價格上揚，但目前還不確定當時的交易價格是否確實增加。即使日後經濟衰退，或是基督教影響力變大，帝國的奴隸族群也依然沒有明顯下降。如前述馬克・安東尼的「雙胞胎」天價，只是一個極端的記錄，不會因此歸納結論，認為奴隸的平均價格會因此變高。對於價格比較有通盤影響的是，不但要有高價，還要有多個樣本。例如要養活一個四口之家，平均一年需要約五百銀元，飲食主要以簡單的穀類為主。顯然，如果加入更多種類的食物，以及其他諸如房租和衣服等生活成本，這個數字將大幅提高，合理猜測為一千銀元，甚至提高的價格會根據地點、時間而不同，相較之下，可以明顯看出馬庫斯告訴我們的價格的確非常高，不但遠高於窮人所需，甚至比「普通」羅馬人所需還要高。購買奴隸，同時也代表需要的潛在投資，奴隸才能具有技藝或本領。這件事告訴我們，富人雖然維持了大批的奴隸，卻對經濟並沒有什麼影響，單純是令人注目的高額消費。

儘管在義大利有數量龐大的奴隸，但許多羅馬的文字記錄，似乎對於使用奴隸的描述還是具有道德保守。有時很難解釋這種矛盾。為什麼羅馬人用這麼多的奴隸，卻認為這是不道德的行為呢？我們可以從許多羅馬文字記錄中，辨識一些修辭元素，特別是塞內加等作家的作品，提供了許多關於奴隸制度的重要文本。羅馬從舊時的純樸到衰亡，羅馬人如何在節慶盛典中浪費食物，生活中消耗奴僕，無論是何種形式的鋪張，他們都必須安撫自我的內疚，在在都呈現出一種文學主題。

《學說匯纂》（*Digest 2 I.I*）描寫了貴族市政官所制定的相關法定命令，規定奴隸的買賣，以及必須列表公佈的奴隸缺陷。關於棄兒，則請見《小普林尼致圖拉真皇信》（*Pliny the Younger Letters*）10.65 和 66 之例。奧拉斯・傑留斯（Aulus Gellius）的《阿提卡之夜》（*Attic Nights* 20.I）描述羅馬從公元前四世紀開始，為何不允許公民賣掉自己當奴隸來還債。從前是允許的，但這種奴隸的販賣越過了臺伯河，當時臺伯河對岸並不在羅馬境內。關於日耳曼人對於玩骰子的狂熱，請見塔西佗《日耳曼誌》（Tacitus *Germania* 24）。在摩托勒（Mothone）的海盜襲擊，可見於《鮑薩尼阿斯》（*Pausanias* 4.35.6）。關於小城的攻陷描述，是基於狄奧多魯斯・希庫拉斯（Diodorus Siculus 23.18）的著作，敘述西元前二五九年羅馬攻陷巴勒莫（Palermo）的情景。奴隸的平均價格，是根據奧古斯都對奴隸買賣稅抽取2%而訂定，以及戴克里先對於「限制最高價格法」的詔令（Diocletian's Edict on *Maximum Prices*），其中小麥與奴隸的相對價格。本書作者的銀元價格，是基於奧古斯都時期，極端的價格請見老普林尼《自然史》（Pliny the Elder *Natural History 7.40*），馬克・安東尼的雙胞胎也同出於此書（7.12），以及演員、尼祿與裴隆部份（7.39）。關於可憐的新奴隸發現自己很難適應地位的轉變，請見塞內加《談憤怒》（Seneca *On Anger* 3.29）。諺語「寧願美麗的死，而不願屈居奴隸」請見《普布立・烏斯》（Publius Syrus nos. 489 and 616）。卡爾維西烏斯・撒比努斯訓練奴隸背誦《荷馬》，見於塞內加《信件》（*Letters* 27）。關於兒童家庭教師則見坤體良《辯學通論》（Quintilian *Institutes of Oratory* 1.1）。《小普林尼致圖拉真皇信》（*Letters* 10.31, 32）描述小普林尼寫信給圖拉真皇帝，探討罪犯被用作公共奴隸。「幸運」（Felix）是常見的奴隸名字。

第二章
如何使奴隸鞠躬盡瘁

所以，你已經買了奴隸。現在，你該如何管理，使奴隸都為你盡心盡力？許多新手奴隸主人陷入陷阱，自以為鞭子足以處理一切。我們這些世代擁有奴隸的家族，明白這種處置將很快使奴隸損耗掉。如果你試圖迫使奴隸的服務超過合理的限制，將造成奴隸脾氣乖戾，難以管理。這種奴隸是主人的煩惱和詛咒，最終將殘酷地使主人受到最大傷害。在礦場或許可行，農場和莊園卻不可行，更遑論是你的住家。相反的，你必須有所認識，擔任主人具有善待奴隸的義務，只要盡了義務，自然可以期望奴隸努力工作，而且未來還可以繼續適任多年。

對於社會中的高階級來說，即使面對的是最低階級，公正的行為也是義不容辭的。奴隸屬於最低階級，但我們應該以對待僱用工人同樣的態度來對待奴隸。這就是說，我們應該堅持奴隸必須正常工作，而我們則需以公平對待加以回報。儘管事實上，奴隸只是一個工具。僱用工人是人，但奴隸是工具，用於耕耘土地，或提供其他的服務，只是這個工具恰好會說話。正是這種說話的能力，使奴隸階級高於牛羊等其他家禽家畜。但你身為主人及奴隸擁有者，處於社會的頂層，你隨時隨地都要正確地站在道德與公正的一方，即使奴隸不值得這樣的待遇。

為了確保奴隸表現良好，努力工作，你已經完成了第一步：購買良好的奴隸。接下來第二步是要訓練奴隸。每個人都知道，家長培育孩子的方式，會反映在孩子的個性上。同樣的，適當的教育和訓練奴隸，以符合他們被分配的角色，這是至關重要的。因此，買下一個第一次成為奴隸的人，往往是最好也最簡單的選擇。我想起一個朋友，他總是買年輕的戰爭俘虜，因為就像訓練馬匹一樣，小馬總是比老馬服從。

訓練可以立即開始。有些人很不智，以為可以與奴隸講道理。他們認為，只需簡單地向奴隸解釋服從的好處，奴隸就會輕易地服從。但實際上奴隸必須被訓練才會服從，就像馴服野獸一樣。我再度強調，這不是鞭子那麼簡單的事。給予奴隸足夠的食物，你會得到最好的結果。慷慨地稱讚奴隸，尤其是那些顯然雄心勃勃的人，他們很可能會為了得到更多讚賞而努力。請確定你已迫使他們不再信奉舊神，開始敬拜家裡的神龕。一旦奴隸了解，是由於羅馬的眾神才使羅馬人偉大，他們會比較願意安於自己的低階層級。

經過訓練，提供奴隸充足的食物，使他們能做好工作，但食物不可過多，以免造成懶惰。執行需要體力勞務的奴隸，應有較好的食物配給，執行輕度家務的奴隸則一般配給。奴隸需要燃料以進行高效工作，如果奴隸餓著肚子，我們無法期望獲得良好的服務。

我親自巡視產業的時候，無論何時總是把奴隸的食物配給列為重點檢查項目，以確保廚子不會偷偷保留物資，獲取不當利潤，同時也向奴隸表明，你注重他們的福利，這樣可以提升奴隸士氣，使他們更加努力工作。

奴隸關心的事情有三種：食物、工作和處罰。如果你給他們食物吃，卻沒有工作可做，會使他們懶惰、張狂。如果你給他們工作和處罰，卻沒有食物，會很快使他們衰弱，如同暴力攻擊一般。到目前為止，最好的辦法就是給他們工作，同時供應足夠的食物。管理不能沒有獎勵，食物就是奴隸的獎勵。奴隸就像正常人一樣，如果表現良好卻沒帶來任何好處，就會變得表現不良，如果奴隸做錯事，也會沒有處罰可用。

因此，必須密切注意奴隸的行為，依照反應來配給食物。奴隸的表現優良，才能得到相應的特殊待遇。食物是一種良好的獎勵，可以鼓勵奴隸的表現。如果家僕的伺候令我稱心如意，我會把晚餐剩菜當作他們的獎勵。在鄉下，我給予奴隸自由時間，讓他們有機會蓄養自己的雞、豬，種植自己的菜園，或者到樹林裡採集漿果等。或者，我會把埃楚利亞的魯那（Luna in Etruria）製作的硬起司，額外配給他們。我也會多給他們一些葡萄酒醋，但要非常小心。即使是自由人，飲用過量葡萄酒也會行為乖張，因此顯見的，只有在很少的機會下才供應奴隸額外的葡萄酒，而且必須要有人監督。

關於供應奴隸吃食的處置，我們必須像醫生開立處方一樣。必須謹慎確保每個奴隸所獲得的很公平，同時也適合他們卑微的地位。奴隸的食物應該具有功能而不奢華。我建議以基本糧食為主，如：粗麵包、鹽、葡萄、橄欖油、橄欖泥、乾果等。這些食物如上所述，可以當作小型獎勵的補充。你會發現下面的指南非常有用：

奴隸的食物配給：

冬季每月三十公斤小麥，給予農場工作的奴隸。

夏季每月三十五公斤小麥，有助奴隸努力播種、除草、收割。

當奴隸開始整理藤蔓時增加配給，果實成熟時減少配給。減少的份量不要像吝嗇鬼伽圖所規定的一樣，否則你會讓自己的奴隸都餓肚子。

每月二十公斤小麥，給予監工、管家、工頭和牧人，因為他們工作負荷較輕。

奴隸的葡萄酒配給方式：

木桶裝入十份輾碎的葡萄，兩份很酸的醋。加入兩份煮開的葡萄酒，以及五十份糖水。每天三次以攪拌棒攪拌，一共五天。預先取海水靜置，再將四十八分之一份海水倒入木桶。蓋上蓋子，發酵十天。

成品確實不是最好的法勒尼安酒（Falernian），但應該可以維持三個月左右，如果還有剩餘，會變成品質優良的酸醋。

奴隸的橄欖配給：

將所有風吹掉落的橄欖全部蒐集起來，加入老橄欖樹的小橄欖，這種橄欖的油份很少。將這些橄欖少量配給奴隸，盡可能拉長配給的時間。橄欖用完了，可給奴隸醃魚和醋。每個月給奴隸一品脫油（約四七三毫升），同時也給半磅鹽。

白天，奴隸吃午飯時應該分開坐，以避免他們浪費時間聊天。但在晚上，則應該允許奴隸坐在一起吃，因為如果我們不允許他們進行少許社交活動，表示管理太嚴苛。

衣服也應根據奴隸的表現而給予。工作辛勞的奴隸，應該得到更優質的鞋子和袍子作為回報，而那些推卸責任的奴隸，則必須在生活的各個方面承擔自己好吃懶做的後果。我的標準規則是，每個農場的奴隸，每隔一年都配給一公尺長的外衣和粗毯。在發放新外衣或毯子的時候，確保每個奴隸都把舊的衣服毯子交出來，使女奴可以用這些舊衣物來補釘。每隔一年配給一雙厚底木鞋。關於奴隸的服裝，你應該考慮實用性而不是外觀。為了避免奴隸吹風、受寒、淋雨，給他們長袖皮革外衣，額外給予有補釘的衣服，或連帽大衣。有了這些衣服，不怕天氣變化，再糟糕的天氣都能完成戶外工作。

你的奴隸需要適當的住房。家僕可以睡在你家的小房間或儲藏室，給他們舊床墊躺著，舊大衣蓋著。在鄉下，房子的屋頂下面一定可以找到一些空間給奴隸當作睡房。以廚房的屋頂為例，如果下方與屋梁之間的空間夠大，又沒有著火的危險，那麼此處可以提供一個整年溫暖舒適的區域。在農場，最糟糕的，是讓奴隸住在地下監獄牢房裡，這樣的奴隸會覺得自己沒有希望，工作會做得特別糟糕。

今日有一個令人悲哀的事實，無論你在帝國境內何處旅行，你看到的土地都是由奴隸耕耘，而不是昔日使帝國壯大的自耕農。近日以來，在農場土地裡勞動穿梭的是手鐐腳銬，是墨刑黔面。大地之母並不愚癡，她能感受到自豪而自由的佃農，已經由張狂懶惰的奴隸取而代之。同樣的農場，由奴隸所耕耘，或是由羅馬公民所耕耘，兩者相較，所獲得的利潤不同，這並不奇怪。最基本的問題在於，奴隸沒有努力工作的動機。農場生產什麼，他就吃什麼。但如果你事先注意一些事項，可以嘗試儘量減少這種缺憾，更有效地強制或賄賂奴隸工作。

第一，我在前面提過，還必須再三強調，一定要獎勵奴隸的辛勤工作。如果努力工作的奴隸，看到懶惰的奴隸不必付出代價就能得到一樣多的食物，他們就會覺得很洩氣。還有一點很重要的是，每個奴隸都應該有一個明確的長期目標。如果你心胸寬大，他們的最終目標可以是為自己贏回自由。把自由當作奴隸的目標，你會發現奴隸會更加忠誠，並且努力工作，不但公平，對雙方都有益。只要奴隸相信目標是可以實現的，就會努力工作以達成目標。另一個誘因是允許奴隸生養自己的孩子，他們也會為了孩子努力工作，進而得到報酬和樂趣，能夠享受更好的家庭生活。但如果他們讓你不歡喜，那麼可以威脅他們，把孩子賣給其他主人作為處罰。另外，你可以安排偶爾把祭品和假日作為獎勵，贈與工作最努力的人，奴隸會更加努力，你的工作也得以順利進行。

第二，要有明確的工作角色，以產生明確的責任制，確保大家努力工作。因為奴隸知道，如果某一件工作沒有如期完成，其中有人必須負責。而且，如果每個奴隸的工作都一樣，那麼就沒有一個奴隸會認為那件工作是自己的責任。如果一個奴隸努力工作，卻使得所有奴隸受益，而不是只有自己受益，將使奴隸心態變得消極；或相反地，如果所有奴隸都懈怠，也無法確認應該是誰的責任。這就是為何犁田者必須與葡萄園工人區分，牧羊人與一般勞動者也要有區分。

由於奴隸專業分工，因此必須鼓勵他們自行負責維護個人的工具，使奴隸自己會想辦法避免雨水，自動為工具清潔、上油，不會隨處亂放工具。如果工具需要換新，不僅費用昂貴，也意味著沒有工具的奴隸多日無所事事，白白浪費了勞動力。因此，給予奴隸自己的工具，然後處罰沒有盡責維護的人，將明顯有助於減少這種損失。

將奴隸的角色劃分區別，有一個最終極的益處，就是可以使每個產業自給自足。因為每一項任務都分配給一個奴隸，所以，如果你需要一個剪羊毛的人，你會有一個；你需要一個理髮師，你會有一個；你需要一個鐵匠，你會有一個。過不了多久，你不再需要聘用外面僱工的昂貴服務。

把奴隸分組，變成一個群組，奴隸的工作會更快，更賣力，做得更好。你應該把這些奴隸群組分成每組約十個人，一組十個男奴，這種組合特別容易監管。如果組裡人數太多，監工的控管工作會變得很困難。因此，在你的產業上，你應該把這些奴隸群組分配到不同的地區，所有的工作都應該以這樣的方式來分配，以免監工一個人管不了，需要兩個監工來管理；如果奴隸的分布零零落落，監工就不能落實。但若奴隸群組的人員比較龐大，會產生另一個問題，也就是群組的奴隸會覺得工作不是自己一個人的責任。人數一多，責任就會消失。但是只要群組的人數正確，不多不少，奴隸之間就會產生相互競爭的效應，並且容易辨識推卸責任的人。當競爭因素產生，工作總是會變得更有趣。這也表示，如果有人分內的事沒做好而受到處罰，就沒有人會抱怨。

根據男奴或女奴的生理或心理狀況，注意把他們分配到最適合的位置上。例如牧人必須要勤奮、節儉，由於這個角色需要專心和技巧，因此這兩種素質比身材或體力更重要。而農夫自然要聰明，但只有聰明是不夠的，另外，你需要一個聲音很大的奴隸，這樣才可以讓牛隻害怕聽話。然而，他也應該要脾氣溫和，以免對待你的牛隻太殘忍，牛隻不會服從命令，且在鞭打折磨之下也活不了太久。

談到放牧，你應該再次牢記，力量和身高對這份工作是沒有用的。要讓你高大的奴隸去耕耘土地，因為耕田是農場上最累人的工作，用高大的奴隸更符合效益。這是因為在犁地的時候，奴隸要站直，把體重靠在犁柄上。至於一般勞務與農場工作，則可以分配給任何體型或身高的奴隸，隨你所願，這些奴隸需要的是能夠應付艱苦的工作。分配到葡萄園工作的奴隸，必須肩膀寬闊，肌肉發達，這種體型非常適合挖掘和修剪。誠不誠實則沒那麼重要，因為葡萄園的奴隸工作的時候都是成群結隊，因此很容易監督。而且不誠實的奴隸往往是聰明人，談到照料葡萄樹，這是一個優點，因為照料葡萄樹除了需要力氣，還需要智力。這就是為什麼你常常看到在葡萄園工作的奴隸，都會被鍊上鎖銬。另外提醒你，誠實的人和小偷兩者即使具有相同的智力，誠實的人表現永遠比小偷好。

不要以為用奴隸來耕耘你的農莊一定最好，如果土地很貧瘠，僱用工人絕對會比使用奴隸還要更見成效，因為工人的付出和努力會更大。僱用自由人做一些比較重要的農務可能也比較好，例如採收葡萄。

此外，用奴隸來畜養牲畜和牧羊，會產生一些特殊的問題。這兩種工作特別困難，沒有人喜歡，不僅是因為他們所會面對的問題，而是因為必須承擔被強盜或野獸攻擊的風險。他們往往必須長時間離群索居，無法與人群接觸，所以社交和家庭都是隔絕的。因此這種工作最好是交給需要錢的自由窮人，你可以倚賴他們能夠把工作做得好。

如果你真的要用奴隸來放牧，你必須了解，你幾乎不可能去監督他們。無論他們去到什麼地方，都可能會引發問題，例如偷東西或與人鬥毆。此外，你也必須了解，不同類型的放牧，需要使用不同類型的奴隸。大型動物使用老奴隸，小型動物分配給小男孩即可。帶著獸隻沿著小徑進入丘陵和草原牧場的放牛人，必須比那些在農場裡馴養野生動物的人，還要更強壯。這就是為什麼年輕的男性通常會被外派到牧場，而留在農莊裡男孩甚至是年輕女奴，則必須負擔照顧牲畜的任務。

放牧人必須日日夜夜照顧牲畜，而所有放牧人更應向首領報告。這個放牧的首領，年齡應該較大，比較有經驗，才能得到所有放牧人的敬重。但也不至於老到無法應付艱苦的工作。老人大部分都無法忍受與獸群沿途跋涉的艱辛，特別像是放牧山羊，甚至還需要攀爬陡峭崎嶇的山坡。

選擇放牧人，必須是有強壯體魄的男性，行動快速敏捷，身體協調良好，並且能夠保衛牲畜不受野獸或盜賊侵害。他們必須要足夠強壯，足以抬起馱畜背上的補給，擅於跑一段距離，也能用手裡的彈弓瞄準擊中。我發現一些種族不能勝任放牧工作，例如從西班牙來的巴斯鐸人（Bastulans）和土耳鐸人（Turdulans）都不行，但高盧人則特別好，尤其善於應付載運的牛馬動物。如前面所討論過的，根據你所使用的放牧人數量，每個人可以照顧八十至一百隻羊，每兩個人則照顧五十匹母馬。

放牧奴隸的首領必須確保物資和飼料的充分供應，以應付所有牲畜群和放牧人所需，其中最重要的就是人的食物和牲畜的醫療補充品。放牧首領必須能夠寫字，這樣他就可以隨時記錄，供你檢查。這樣一來，也能使他寫下一般侵襲牲畜和人類疾病的處置方式，如此在遠離獸醫的牧場，放牧首領就可以幫助生病的牲畜和人。

伽圖認為，奴隸工作完畢就是睡覺，睡覺起來就是工作。他其實喜歡愛睡的奴隸，認為這種奴隸比較容易受到控制，不像那些精力充沛的奴隸難以控制。他還認為，喜歡睡覺的奴隸，更可能畢恭畢敬地對待自己的主人。除非伽圖自己或他的妻子有要事差遣，他從來不允許讓家裡的奴隸離開家門一步。即使派任奴隸外出，也不允許他們與外人交談，以免造成奴隸的怠惰。他認為，奴隸最難控制的就是性慾，所以如果男奴想要找女奴，他會向男奴收取固定的費用，但不會讓男女奴之間形成任何一種永久的關係。在我看來，這樣做沒有辦法使家業順利運作。即使面對悲慘的奴隸，依然需要一些基本正義，這才是人性。

有些人認為老病奴隸是沒有生產力而無用的。伽圖建議我們，應該把這些人像垃圾一樣丟掉。伽圖的態度是，奴隸應該買得便宜，努力工作，死了就丟掉；一旦奴隸不再有生產力，就不必繼續供應食物。我和大多數我所認識的奴隸主人，都認為他的建議太過殘酷無情。坦白說，伽圖不關心生病的奴隸，反而比較擔心他生病的魚。如今無論是何種情況，拋棄奴隸都是不合法的。我個人認為，主人把奴隸當成騾子驅使，等他們老了就拋棄他們，這是錯的，因為伽圖看不見主人和奴隸之間的連繫。

我們身為主人，對於所有依賴我們的人都負有責任。顧念我們的經濟利益，我們不會永遠養著一個生病的奴隸，但是，至少可以減輕他們的負擔，給他們復原的機會。比較老的奴隸，我們可以找一些輕鬆的工作交給他們操持，使他們能對家業盡一份棉薄之力。不過，操勞了一生，奴隸能活到天年相當罕見。我會用他看守大門，或幫我兒子提書包，護送他們上學。

順道一提，我去看望一位老友時，發生了一件很尷尬的事，到了他家別墅，我看見一個守門老人，走近門口，竟是個穿著破爛的奴隸。我問朋友：「你究竟為什麼還要養著一個這樣的人，難道你是到墓地去偷了一件屍體來幫你看守大門嗎？」但朋友回答我：「難道你認不出他嗎，馬庫斯？這是菲利西奧（Felicio），我們小時候農神節都和他一起玩啊。他是我父親的管家——菲洛西提斯（Philositus）的兒子，我們是兒時玩伴。」我不明白朋友的話。「你瘋啦！」我告訴朋友，「怎麼可能，這個沒牙的老頭怎麼可能和我們同年？」但朋友的表情說明了一切！這是事實，流逝的歲月使我們年老，但一個奴隸的操勞生活肯定更不能放過菲利西奧。不過最教我驚訝的，是朋友竟然還記得這個奴隸，畢竟他當時只是一個小男奴。

既然談到年齡問題，關於年紀幼小的奴隸，我完全贊成要讓他們盡快開始工作，最好五歲就開始。家裡總有一些他們可以做的工作，無論是照顧小動物，在花園裡幫忙除草，或晚餐時幫忙端杯子，女孩則可以做些簡單的編織或到廚房裡幫忙。實際進行這些作業，使他們及早習慣工作，並訓練他們能夠了解自己在生活中的角色。

至於你的鄉間產業，最重要的奴隸是管家。小心選擇你的管家。如果選到一個有能力的人，那麼你將可以獲得自由，將人生投入有尊嚴的休閒，以符合你的社會地位。如果你選錯了人，生產率會下降，紀律喪失，你會發現自己經常從羅馬往鄉間來回跑，總是在試圖釐清混亂。羅馬是你政治和社會責任的基地。我個人會親自挑選和培養自己的管家，以確保他們成為我利益的忠誠代表。

我會觀察奴隸，良好的態度讓我有深刻印象，挑出兩三個二十幾歲的年輕人，然後幫他們慢慢升職。我會將他們從一個位置，轉換到每一個位置，徹底讓他們熟悉農莊所有的工作，得到各方面的體驗。如果他們讓我失望或表現不良，我會解除他們的職務，處罰他們回到原來的職位。做得好的人，總是會得到我的讚美，我也確保他們不會因為奉承我而從中受益。事實上，如果有人想對我拍馬屁，奉承我是個多麼偉大的主人，我會處罰他們，讓他們明白說廢話一點好處都沒有，他們最好還是努力工作，自然會得到回報。

我可以給你一個最重要的建議，想要選擇一位管家，絕不要選只有臉孔好看，卻整天妄想在城市裡浪費時間的那種奴隸。懶惰的奴隸喜歡泡小酒館和妓院，他們成天只會作白日夢，幻想這些事。如果你的產業裡面有這種奴隸，已經是不幸，但如果你竟把這種奴隸放在為你管理產業的位置上，將可能會導致你的財產快速而不可彌補的損害。

你必須選擇一個從小經歷農場艱苦工作的男性，因為經驗已經使他遭受磨難。如果你沒有這種奴隸，不妨在分組的奴隸群組裡面選一個可靠的對象。但千萬不要是年輕人，最好是三十多歲。如果太年輕，其他奴隸可能不會服從，反而有損命令的威嚴，特別是年紀大的奴隸都心不甘、情不願地聽從一個年輕人的指揮。但你也不該選太老的，以免他無法應付這麼大的工作量。

他應該要有各種農場工作的豐富經驗，若非如此，也必須是一個完美主義者，你知道無論他學什麼，他都要學得正確妥當。他必須知道一切，因為在他的位置上，如果還有人要教他，他就不能發號施令。不識字沒什麼關係，只要記憶力夠好就可以。事實上，不識字可能更有益，既然他不能讀寫，更不可能擅改賬目。

他應該還要善於照顧家禽家畜，這種能力應該是天生，就像他的奴性一樣，自然擁有的同情心，會讓他既可以行使權力，又不至於太軟弱或太殘酷。他總能夠與一些好奴隸談笑風生，同時又能夠與壞奴隸相處，所以奴隸會畏懼於他的嚴格，而不是討厭他的暴行。最好的作法就是讓他以這種方式貫徹自己的工作，上行下效，他的屬下便不太可能做錯事，他也會成為其他奴隸的榜樣。即使是最可惡的奴隸，只要讓他們努力工作，就可以監督他們；只要讓工頭記得，無論何時何地，你都要他緊緊監視所有奴隸，還要一一檢查所有工作，確認每一件都妥當完善才罷休。否則你可能會發現，工頭會忽略某些部份工作，放過難以管教的奴隸，然而事實上，這些才是他更應該控管的人。

提供獎金給你的管家和工頭，他們就會更加努力工作，更有道德良心。允許他們擁有自己的金錢和財產，並讓他們選一個女人同居，只要你同意，他們的關係就可以維持下去。有了妻子和孩子，他們的頭腦會比較清醒，如果你的產業因此愈來愈興旺，不妨多分一些紅利給他。給他們一定程度的尊重，你也會贏得管家和工頭的敬重。如果他們表現良好，回報你的信任，也可以徵詢他們的意見，例如還需要做什麼，誰來做等等。如果你這麼做，他們會覺得你對待他們有如相同地位的人，而不是高傲地對待奴隸。另外，你也可以用獎勵奴隸的一般方法，提高糧食或衣物的配給，或是給予一些額外的津貼。

我會把下列事項教給新的管家，我認為這樣有助於他們變得更忠誠（大多都是老生常談和忠告，但正因如此更顯得歷久彌新）。我告訴他們，除非是為了主人的產業，否則不准使喚奴隸。如果不這樣事先警告，你會常常發現，新來的管家會利用自己的權力，讓奴隸為他們奔波跑腿，反而耽誤了產業的利益。管家應與下屬一起進食，吃同樣的食物。經過一天辛勞，奴隸最討厭看見頭頂上司不是吃著和大家相同的一般食物，而是吃著大餐。這樣一來，還可以確保管家會注意麵包的品質，飯菜營養是否有益健康。

我還教新來的管家，不要讓任何奴隸離開我的產業，除非有我親自授權。如果我不在，除非有迫切的需要，他們不應該授權任何人出去。我告訴他們不要利用我的產業，發展他們的副業，以免工作分心。他們絕對不可以把你的錢投資在牛或貨物的交易，買賣獲利不是最重要的，這樣做只會轉移他們的注意力。最重要的是集中精神，確保你的賬戶維持良好秩序。否則最後你所擁有的資產會變得一文不值，沒有人想要買。

請確保你的管家不會讓算命仙和魔術師進門，這些人只會刺激奴隸，傳播虛假故事和迷信，只為了販賣那些荒謬的咒語和藥水，一點好處都沒有。除非為了工作任務而購買東西，管家不應該出門進城。每週去一趟市集，應該是綽綽有餘。你不會要一個老想出門的管家，但按照規矩出門的管家，會學到很多。即便如此，市集也不能太遠，當天必須來回。告訴他，出門的時候不可以穿越農場，產生新的足跡，以免變相鼓勵外人擅闖你的土地。途中也不可以去拜訪別人，除非是主人的家人或好友。

最重要的是，教你新來的管家，不知道的事不要裝懂，對於不懂的事，必須熱衷學習。掌握技術，工作更進步。這也將可減少不必要的失誤，以免造成重大損失。農業並不是一種困難的事業，只需要你的奴隸重複做正確的事。比較麻煩的是，一旦出錯，可能需要很長的時間和大量的金錢才能修正錯誤。如果他們一開始就能學會最高指導原則，便不會由於無知導致傷害。

下面是管家的職責列表，幫助你確定，他的所作所為都是為你所需：

- 紀律嚴明。但除非必要，不必殘酷。
- 使奴隸辛勤工作，免得他們有時間惹麻煩。
- 遵守適當的宗教節日（使神明歡喜，農場繁榮）。
- 不可偷竊主人的財產。
- 仲裁奴隸之間的爭執：奴隸在一起總是吵吵鬧鬧。
- 確保奴隸不受凍，不挨餓。
- 記住：只要你不想要奴隸鬧事，他們就不太可能鬧事。
- 獎勵工作表現良好，處罰失誤。
- 做錯事的人要接受公平的處罰，按照犯罪所造成的損失，付出相當比例的代價。
- 守住莊園。
- 保持清醒，頭腦冷靜，不可外出吃飯。
- 不要以為你比主人還聰明，而剛愎自用，獨斷獨行。
- 不要把腦筋動到主人的朋友身上，他們並不是你的朋友。
- 無論主人說什麼，你一定遵守；你的主人叫你聽誰的，你就聽誰的。

- 不得借錢給別人，除非是主人允許。
- 若主人不允許貸款或延長寬限期，務必要求對方立即還款。
- 不得將種子、飼料、大麥、酒和油，借給任何人。
- 與附近兩三個莊園維持交情，需要的時候才可以借用人員、貨物和工具。
- 定期與主人對帳。
- 不得僱用太多臨時工，每次不得超過一天。
- 若無主人同意，不得購買物品。
- 不得有任何秘密隱瞞主人。
- 不可對任何奴隸有偏私喜愛。
- 不得占卜、算命或占星。
- 不得使用儲備的玉米種子，這是為災難準備的救急物資。
- 確認你知道產業中所有大小事該如何處理，如果有知識斷層，請補上。如此一來才能明白其他奴隸心裡在想什麼。
- 記住，如果你能夠了解奴隸的問題，他們才會心甘情願做事。
- 保持健康，睡得好。

• 睡前必須確保農場的安全，牲畜都已餵飽，奴隸都在規定的地方睡覺。
• 早上最早起床，晚上最晚睡覺。

除此之外，女奴隸領導的位置也很重要，你在選擇的時候要多加留意。一般來說，這位人選會成為管家的妻子。如果她的工作表現良好，將有助於確保產業為你產生可觀的利潤。更重要的是，她能夠在農場就地衍生許多服務，編織、補綴、照顧生病的人，使農場自給自足。

當天氣惡劣，婦女不能外出工作，女管家應該下令進行編織和縫紉工作。一些女奴要紡紗、織布，另一些女奴則要梳棉或梳毛，如此自製奴隸衣物，可以使你的成本降低。

當天氣轉好，女管家一定要去產業各處做檢查，確認所有奴隸都離開房子，沒有躲在穀倉裡偷懶。如果發現有人裝病，要盤查不工作的原因。女管家必須學會分辨生病還是懶惰，以免懶惰的奴隸愛裝病。如果判定是生病，請帶到醫務室處理。即使相信對方是在裝病，如果判斷原因是過度疲勞，可酌情處理，讓對方到醫務室休息一天。從長遠來看，最好要給一個過度疲倦的奴隸休息，不要把他逼到極限，以免真的生病。但是要多留意，確保這種自由裁量權沒有被女管家濫用。

女管家絕不能四體不勤，她的工作就是積極稽查每一個人，確保農場的運作順暢，效率高。她必須在織布機那裡，教導工人新的技術。如果她不會新技術，就該向懂得新技術的奴隸學習。她應該要到廚房檢查，看看奴隸的糧食分配是否正確。除了確保廚房的整潔，她也必須確保牛棚和豬圈等的清潔。她應該要巡視醫務室，就算醫務室沒有病人，也應該清理乾淨，以備隨時接納生病的奴隸。

如果你不注意控管男女管家，經常與他們會面視察，你可能很快就會發現自己掉入噩夢局面。我近來曾聽過一些恐怖的故事，有個管家把主人一部份家產賣掉了，然後假裝多餘的錢是來自他高效率管理產業的盈餘。另一個管家則把產業上的整批樹木砍伐，賣了兩萬銀元，他把其中一萬銀元充當賬戶盈餘，剩下則裝滿自己的口袋。

壞管家會不斷地變賣你的財產，點點滴滴，佯裝自己表現良好。剛開始的時候，身為主人的你，可能不知道是怎麼回事，還會覺得很高興，產業賺了不少錢。你會額外獎勵管家，贈與漂亮的衣服，放假。但後來你終於發現產業有一半已經被賣掉了，一下失去所有產業賴以產生利潤的來源，你只好嚴厲處份管家。不過，一切已經太晚，你必須耗費許多時間和金錢才能恢復原狀。

所以，你必須定期訪問自己的產業，除此之外，沒有其他方法可以阻止你的管家變得肆意妄為。毫無疑問地，主人距離奴隸有多遙遠，奴隸就會有多糟糕。一旦奴隸變壞，他們的貪婪和無恥只會增殖，最後你還不如僱用海盜來經營莊園。

事實上，如果你的產業距離很遙遠，只能偶爾造訪，不如慎重考慮讓自由佃農接手，讓他們向你支付租金，以免由於奴隸知道你住得很遠，鞭長莫及，使他們有膽子作怪，慢慢讓產業崩壞。這些壞奴隸見縫就鑽，沒什麼做不出來的：把牛出租，不當飼養家畜，犁土敷衍，假裝已經播下許多種子，其實早已賣掉一半土地，收為自己的利益。等到少許的收成進來以後，經由竊取和誤算，變得更加微薄。你通常會發現，管家和所有奴隸都從中受益，表示他們串通一氣，而身為主人的你，則是輸家。

我經常會突擊，以確保我所看到的產業確實是真相，而不是由於我的造訪受到粉飾。我到達之後，第一件事就是詔告管家，要求立即開始監督行程。我把產業從頭到腳、徹頭徹尾地檢查，召看各處的奴隸，試圖判斷是否由於我不在當地，而造成了紀律鬆散，沒有關注細節。我檢查葡萄藤，看看是否有得到仔細照料，樹木是否有被盜採盜伐。我逐一計算家禽家畜數量，還有奴隸數目、農場設備，比對是否與管家的記錄吻合。如果你每年都這樣做，必可確保莊園有嚴謹的紀律和秩序，讓你舒適直到安度晚年。而且，無論你年紀有多大，不時地拜訪將可確保奴隸無法利用你，不會輕賤你，給你應得的尊重。

事實上，這樣的造訪，對你一輩子也可能是大開眼界的機會。我最近造訪了其中一座產業，指責管家沒有修整老穀倉，變得很破舊。管家堅稱那不是他的錯，而只是歸咎於木材老化，建築老舊而傾倒。我還記得這間穀倉是在我年幼的時候建成的！然後，我責怪他沒有好好整理老梧桐樹，變得歪七扭八。他又回答說，這個問題在於樹木太老了，但我還記得種植這些樹木時的情景！

突擊造訪還可以揭露一些令人厭惡的驚喜。有一次，我造訪一座我所擁有的，位於義大利南部的莊園。我在探察期間，正好穿過花圃，看見一個被粗繩綁住的女人，她拿著乾草叉，撲倒在我的腳下。她的頭髮被剪掉，全身髒兮兮，衣衫襤褸。她懇求著，「可憐可憐我，主人，我出生在自由人家，只是被海盜抓走，賣給你的管家作奴隸。」我信了她，因為她的談吐優雅，五官高貴，顯示她並不屬於奴隸階級。

她解釋道，我的管家想要強迫她上床。她求我釋放她，說她會請海對岸的家人把兩千銀元還給我，海盜就在那裡綁架了她。她撕開外袍，把管家毆打她的可怕疤痕顯露出來。她的故事深深地感動了我。

「別擔心，夫人，」我說，「你可以自由回家，我不需要你給我回報。對於一個出身如此高貴優雅的美女，這樣的待遇真是羞恥。」我隨即轉身召見管家，這個無恥的奴隸名叫索斯特內斯（Sosthenes），我對他說：「你太可惡了，即使是最沒用、最沒價值的奴隸，你可見過我這樣對待他們？」他承認自己是從海盜的奴隸販子買下她，因為他很喜歡她。我把他從管家的職務上降級，然後讓女人洗澡，穿上乾淨的衣服，送她回家。

也許你認為我瘋了，就算那個女人顯然是自由人，也不必如此。但是，這種對待奴隸的寬容大度，將會使你獲益。如果奴隸好好工作，你應該對待他們如同一般人。當然，你不應該讓他們傲慢無禮，隨意暢所欲言。但是，如果他們的職位擁有權力，你應該恭敬地對待他們。正如我前面說過，我會請教他們，徵詢他們的意見，如果他們對個別問題懂得比我還多，我甚至會採取他們的建議。我發現，這樣對待奴隸的反應都很好，他們工作起來會更有熱情。

我甚至將這種方法延伸用在牢房區域受到處罰的奴隸，他們被鐵鍊捆綁起來。我過去巡視，檢查他們的鐵鍊是否太重太緊，問他們是否覺得自己得到不公平待遇。原因很簡單，因為最低階的奴隸，上面有許多層級的監控，最容易受到不公平的處罰。這種頭腦簡單的奴隸，如果遭受殘酷的對待，他們覺得痛苦之下，反而會狗急跳牆，這時就會變得很危險。我甚至會耐心傾聽他們投訴監工，偶爾我也會為他們伸張正義。如此一來，鬧事者因為得到途徑可以宣洩自己的不滿，得以被壓制下來，而管理者和監督者也得到教訓，他們知道，即使是最沒用的奴隸，也可以對他們的管理給予回饋，因此管理必須公正。

你可能不會覺得很驚訝，奴隸彼此之間的對待往往更加殘酷，甚至比主人的處置有過之而無不及。事實上，你會發現奴隸總是在爭奪位置，爭論等級待遇，爭執各種瑣碎虛實的欺凌。最可能具有霸凌下屬傾向的奴隸，這些人你必須注意，一定要控制在你的掌握之下，讓他們懼怕你，如此一來，他們才不會對下屬施以恐怖的統治手段。否則，你會發現你的奴隸受盡摧殘，變得沒有價值。因此，一座產業裡面最好不要有太多同種族的奴隸，原因就在於，同種族的奴隸對於微小的差異總是特別在意，導致成天不是爭吵，就是打架。

在分析的最後，請務必記住，奴隸對你來說是非常重要的投資，因此必須維護奴隸的價值。你必須保護你的財產，以免有任何行動導致其價值的減損。

請記住，如果有人煽動你原本個性質樸的奴隸去做壞事，那樣是非法的；由於是非法的，因此你可以得到補償。如果有人稱讚你做錯事的壞奴隸，例如鼓勵他們逃跑或偷竊，這種稱讚只會使一個壞奴隸變得更惡劣。無論是使好奴隸變壞，或是使壞奴隸變得更糟，這個人都會被判定為傷害了奴隸。相關的行為可以寫成一份很長的清單，實際上你可以從這類行為得到一份經濟補償。任何人都不可以教唆你的奴隸作假帳，或與你的奴隸發生性關係，或使他們沉迷於魔法，或浪費太多時間競技，或謀逆叛變，或致使你的奴隸在帳冊中玩花樣，過起奢華的生活，或不遵守主人指示，或賭博，或勸誘進行同性戀行為。無論這類行為是殘暴的待遇，還是其他不容易釐清的傷害，你都必須隨時警惕可能會侵蝕你資產價值的因素。

第二章
評註

許多高層階級的羅馬奴隸主人，受到斯多葛哲學（Stoic）的影響，堅持所施行的所有權只及於奴隸的身體而非靈魂，奴隸的靈魂是保持自由的。意指這些人認為奴隸與一般的人類相同，具有內在價值，因此應予以尊重對待。結果，尊重對待延伸成為公正公平的待遇，變成一種義務，就像對待僱工一樣。

我們無法知道這些想法如何廣泛地滲透社會，因此我們可以這樣想，大多數羅馬主人相信，他們有義務保護所有需要倚賴他們生活的人，甚至受到主人自身的利益所驅動，以及保護個人資產的欲望，因此奴隸也是他們保護的對象。

關於奴隸的訓練，奴隸所要執行的任務本身，具有很大的影響。農場工作的訓練不必多，奴隸可以直接上工。留存下來的羅馬農業手冊清楚地表明，監工必須要選擇有野心的奴隸，唯有這種人能夠維持莊園每天的基礎運作順利。在大型的都會人家，從小生長在此的家奴，比較可能會受到一些資深奴僕的訓練而成長，而不是由主人來訓練。

我沒辦法估算究竟有多少奴隸會「報廢」。由於家奴自小就習慣奴隸制度，這就是一些羅馬人喜歡家奴的原因之一。因此塞內加（Seneca）督促主人，由於新奴隸會被迫進行侮辱性的工作，因此對待他們要憐憫；這件事實證明，大部分主人並不憐憫奴隸。由於塞內加大力抨擊一般的處理方式而聲名大噪，否則羅馬讀者對他的文字其實並沒有什麼興趣。

列在農業手冊中的奴隸配給，簡陋的程度並不令人驚訝。衣服同樣粗糙，同樣基本。奴隸可能自行補充配給，方式包括豢養家禽家畜、在廚房外面種植自己的菜園。而戴著鐐銬工作的奴隸，則很少有機會做這些事。較為資深的奴隸，可以得到較多的縱容，以緩和他們的生存狀態。

在許多羅馬文本中，使用奴隸來耕種莊園的農場，所產生的經濟利益是很矛盾的，其中一個原因是必須要倚賴大量的監督才能使奴隸工作。一般認為，奴隸會很努力地盡量避免工作，而相較之下，自由的佃農則因為既得利益，會努力使土地增產。羅馬人也將奴隸的使用，與理想中創建羅馬共和國的誠實自耕農互相對照，如今土地是藉由進口奴隸的勞力來耕種，因此無論如何不能稱作是一種進步。擁有龐大莊園，目的往往只不過是為了炫耀，而使用大量奴隸的勞力，就是這種誇張排場的一部份。大型莊園主人，絕大多數都是賴以各種不同的奴隸和免費的勞力，來耕種他們的土地。

至於老弱病殘奴隸的種種待遇，可能相差也很大。皇帝克勞迪烏斯（Claudius）下令禁止把老殘奴隸放逐到台伯島（Tiber）。這可能僅單純表示一種無謂的嘗試，以預防社會危害造成羅馬市中心的衝擊，而非嘗試改善奴隸的命運。

塞內加對於奴隸的待遇，鼓吹更高的寬容和正當性，超越大多數羅馬人。前面老守門人的故事就是來自於塞內加，因此儘管他如此提倡，塞內加最後也認不出他小時候的玩伴。因此我們幾乎看不到羅馬人會把錢耗費在一個老舊資產上面，尤其是這個老舊資產已經不再能夠供應合理的回報，繼續提供服務，除非有一些個人的理由，例如安養老奶媽。

在年齡光譜的另一端，根據一份法律條文，童奴從五歲起開始工作。由於童奴沒有必要接受教育，因此並不奇怪，即使如此年幼，這些童奴已經能在莊園或宅邸周圍從事一些小任務。

對於莊園主人來說，農場管家顯然是最重要的個體。在古文學主題中，甚至是聖經中，都經常出現惡管家。由於多數大地主不會常駐於莊園，幾乎整年都不在，他們完全依賴管家來維持產業，而產生的盈餘，有助於支付地主在城市過著有尊嚴的休閒生活。這就是為何強調主人要勤於視察莊園。主人的缺席是輕蔑的溫床，這將導致土地和農場建築物無法正常維護，造成營收迅速下降的結果。

奴隸是昂貴的，為了維持奴隸的工作，每個業主必須平衡奴隸的待遇，因此在一定程度上必須要有誘因。殘酷的待遇偶爾無可避免，但不可以是常態，以免快速損耗奴隸資產。在鄉下，會把奴隸團體分為「他們和我們」的小圈圈，由一個監工率領，給予物質獎勵，使奴隸受到「自由」這個終極目標的鼓勵，如果這種方式運作良好，可保持系統的高效率運作。

關於古代的農耕，請參見伽圖《農業誌》（Cato *On Agriculture*）。關於自給自足的目標，請參見瓦羅《農業誌》（Varro *On Agriculture* 1.16）。關於古代討論是否由奴隸或自由佃農來耕種你的土地，請參見哥倫美拉《農業誌》（Columella *On Agriculture* 1.7）。關於分組奴隸團體的勞動，請參見老普林尼《自然史》（Pliny the Elder *Natural History* 18.4）。關於老穀倉年久失修而傾倒，提醒主人的年老，這個故事來自於塞內加的《書信》（*Letters* 12），也是文中幼年時期玩伴的出處。關於牧人，請參見瓦羅《農業誌》（Varro *On Agriculture* 2.10），關於管家的描述，同在此書中（1.17），以及哥倫美拉《農業誌》（Columella *On Agriculture* 1.8）。惡管家的問題，請參見西塞羅《控告維里斯》（Cicero *Against Verres* 2.3.50）。被海盜擄獲的女人，在主人視察莊園的時候被發現，可見於阿其里斯所著的小說《琉基佩與克理托芬》（*Leucippe and Clitophon* by Achilles Tatius 5.17）。伽圖對待奴隸的態度，可見於《老伽圖的生平》，普魯塔克所著（Plutarch, *Life of Cato the Elder* 4.4, 5.2 and 21.1）。

第三章

性與奴隸

有天晚上，我做了個奇怪的夢，夢見我進入小儲藏室，裡面有一群我的奴隸正在睡覺。我選了一位日耳曼血統的年輕女奴，接著與她性交。這個夢讓我很困擾，是否象徵我可能會變成奴隸，因為大家都看見我和他們牽扯勾搭，更糟的是，我的後代最終下場是否也會變成奴隸？我煩惱不已，於是向解夢師尋求諮詢，他的名字叫作阿提米多魯斯（Artemidorus），住在城裡。

「別緊張，」他向我保證，「夢見與你的奴隸發生性行為是吉利的，表示作夢的人會從自己的財產裡面得到歡樂。」

原來如此！經過他的解釋，我立刻

矛塞頓開。我一直試圖克制自己利用高階地位以追求歡樂，但眾神都告訴我要放鬆，好好享受。

順道一提，很奇怪，夢境經常都會出現奴隸，即使奴隸作夢也一樣。阿提米多魯斯告訴我，有一個奴隸作夢夢見自己的陰莖被主人伸手撫摸玩弄，跑來解夢，他希望這個夢代表他會以某種方式來取悅主人。可惜的是，這個夢並沒有顯示會帶來任何益處。相反地，這個夢只是表示，他會被綁到柱子上抽打好幾鞭。

偉大的羅馬哲學家皇帝馬可・奧裡略（Marcus Aurelius），他擁有兩個最美麗的奴隸，卻沒有佔他們的便宜，他因此感到自豪。但是，如果我們要求所有主人都能如此具有自制力，也未免太過嚴格。主人從他所有擁的年輕奴隸身上得到性愛歡愉，完全是正常的。目前我最屬意的是一個少年，他十四歲，渴望也很愉快地完成主人想要的。畢竟，執行主人的願望，怎可說是羞恥？這是完全正常的！

正如我剛才所提到，如果你想給自己買一個男寵，我建議你去朱里亞投票區（Saepta Julia）那邊，問問看後面有沒有埃及人，他們最適合擔任此項任務，皮膚白皙、眼睛明亮、低眉、窄鼻、長髮飄逸、嘴唇紅潤。如果要挑年輕的女奴，可考慮金髮碧眼的巴達維亞人（Batavian）。無論你想要的是什麼，都要小心討價還價，以免你的腦袋被激情所控制，而不是你的理智。我看過不少中年男子，年紀一大把，早該有自知之明，結果卻無法控制自己，為了一個奴隸像傻瓜一樣付出大把鈔票。

我喜歡送小禮物給贏得我歡心的奴隸，表示他們對我很特別。女奴總是很高興收到我妻子不要的衣服。我的妻子，當然，她完全不在乎我與奴隸調情。哪個男人沒有犯過這種錯？不過自然的，如果換作是我的妻子與男奴放縱沈迷，那絕對不堪設想，會對家庭和我的名聲帶來莫大恥辱。

不過，由於你會讓一些女奴懷孕，連帶損害了她們的工作。通常發生這種事，女奴總是很高興，能夠獲得與主人更緊密的聯繫。我喜歡把這些女奴出生的後代，施予比一般奴隸更優惠的待遇，給他們較好的糧食配給，輕鬆的工作。前面提過，我喜歡用這些後代來照顧我的嫡子，因為畢竟這些後代身上有我的血，他們會因此更加忠誠和勤勞，值得依賴。不過，相信每個人都知道，我不可能對待所有的私生子都這麼好，因此，如果這些後代出生時看起來不太健康，或是家裡面已經有太多這樣的人，我就會下令女奴把嬰兒丟到垃圾場。這讓我想起，我聽說過一個非常可笑的笑話。一天，一個蠢蛋的女奴生了小孩，他父親勸他把嬰兒殺死，但他卻說：「你先殺了你的孩子，然後你再叫我殺死我的孩子。」

但有一件事很重要，你不可允許女奴進行不道德的性。所以每當我賣一個長相依然姣好的女奴，我會在買賣合約中規定，新主人不可以把她賣作娼妓。事實上，神聖皇帝維斯帕先（Vespasian）頒布了一項法令，以捍衛這種規矩，即如果任何女性在這種不可為妓的條件下賣為奴隸，她卻被迫賣淫，那麼她就應該獲得自由。皇帝還下令，如果買方後來再把她賣給別人，卻沒有給予相同的條件，在這種情形下，這筆買賣的條件應該往前追溯，依照第一個把她賣掉的條件，她應該獲得自由。

當然，奴隸本身會想要與其他奴隸發生性行為，很多人也希望進入家庭關係。是否允許他們的結合，完全控制在屬於你的力量範圍。奴隸不能合法結婚，但可以到主人的允許，兩者之間非正式結合。一般來說，若我同意家中兩個奴隸互相結合，身為主人的我會產生好聲譽，而拒絕只會造成怨恨。這種婚姻關係在我家裡會增進穩定。我建議你讓他們生養小孩，這會帶來數種益處。他們會得到滿足，更有可能會為了贏得自由而更加努力；再者，可以這麼說，由於他們的後代可當作「人質」，使得父母都不太可能逃走；而且，最重要的是，這代表你會有一代又一代自家繁衍的奴隸，如果父母得到釋放或死亡，這些奴隸就會真正成為家庭的一分子，而不只是外面花錢買回來的一個人。

然而，偶爾我必須拒絕奴隸之間形成長久的關係。這通常是因為我認為結合的兩個奴隸具有負面個性，或不滿份子只是想製造機會，利用關係煽動更大的動亂。在這種情況下，我會把其中一個賣掉，以防止背地裡有任何陰謀發生。值得慶幸的是，這種情況很罕見，而且我所有的奴隸有三分之一早已進行了非正式的結婚，雖然法律上不承認，但如果他們贏得自由，他們的婚姻也將得到法律的認可。

平時，奴隸間的性關係經常會發生，很難監管。通常在我的莊園，女奴的數量是不足的，所以有時候只好共享。我將男奴居住區與女奴居住區分開，中間有一道上栓的門，以免發生不願看到的情形，如此可確保沒有我的允准，奴隸不會有孩子。農場需要活力和體力，頻繁的性活動只會削弱男性力量，無法進行日常工作。因此，我要做的就是偶爾允許男奴進入女奴區，但次數不可太少以免引起不滿，但又不那麼頻繁不致於使生產力下降。

一般來說，我喜歡主導我家奴隸的關係，為他們指定長期的伴侶。如此一來我可以依照個人的意見為奴隸配對，實際地解決工作與養育後代的問題。所有奴隸都有孩子，是一個優點；只要我的女奴生下三個男孩，就可以免除工作。若是生下更多男孩，我會給她自由。奇怪的是，《伊索寓言》鴿子和烏鴉的寓意指出，「最悲慘的奴隸，是奴隸所生的孩子」。我想這是因為奴隸擔心自己的孩子會被賣掉，使得家庭破碎。我很少這樣做，除非事關紀律問題。

讓奴隸產生後代，對你既有用，又有利，但你要記住，這樣會有資本支出和時間消耗的問題。管理農場的奴隸很簡單，他們整天在農場上忙碌，只需要你配給一個女奴給他們。情況比較複雜的是在山谷和樹林裡的牧人，他們棲身在臨時搭建的小屋，生活條件嚴苛。因此，我建議配給他們配偶，讓配偶可以為牧人準備吃食，不過必須先確保這些配偶身強力壯，有能力在惡劣的環境中生存。這些女奴的能力通常與男性一樣好，會照顧牛羊，砍柴生火，照顧小屋。等到他們懷孕生產，需要餵養後代，我只提一件事，這些女奴會一邊工作一邊餵奶，胸前同時背著嬰兒和樹枝。對比之下，可見如今的新手媽媽是多麼軟弱無用，只會連續好幾天躺在蚊帳下休養。

談到女奴，你應該對奴隸頭子——或是稱作管理人員、監督者——他們的待遇要更慷慨、寬容，以激勵忠誠度。你應該要賜給他一個女奴配偶，不僅可以與他作伴，我們都知道，這樣亦有助於他執行重要的任務。如果沒有你的允許，監工要被警告，不可與其他任一家中的成員產生親密關係，更不用提外人，因為你必須確保他的伴侶能夠勝任此一重要角色。我喜歡邀請我的管理人員共進晚餐，討論可能的伴侶人選，在對大家都很重要的決定中，讓他們能夠覺得具有參與感。

這個女奴人選，未來將成為莊園的女管家，因此你要考慮，這位女性對於食物、酒、睡眠和性生活，都應具有最大的節制力。此外，記憶力必須要最好，工作上也要最謹慎，還必須最想要取悅主人，這一點你可以藉由鼓勵而達成，當她取悅你的時候，向她展現你是多麼快樂；當她做不到的時候，你有多麼失望。簡言之，你必須訓練她渴望主人一家繁榮，感覺莊園的成功就是她的成就。鼓勵她發展公平正義，把比較多利益分配給有資格的奴隸，資格不符則不配擁有。讓她清楚知道，良好、忠誠的服務，會帶來更大的財富和自由，懶惰和偷竊則否。然後，她將會成為你在這個重要位置足以信賴的女人。

城裡的奴隸較容易管理，畢竟是在你自己屋簷下，奴隸容易監控。對你和你的妻子來說，尋找合適人選，為奴隸配對，以產生利益和成果，簡直可以成為一種家庭遊戲。身為戶長，如果你的行為公正、謹慎，你會發現奴隸的數量顯著增加。但你最好不要僅僅依賴家奴繁殖後代，以滿足你所需要的奴隸數量。如果你的奴隸有生病、受傷、早死的情形，表示奴隸整體力量正在削弱，因此不妨偶爾從外部引入新血，不但可翻新中古存貨，順便還可警醒原有的奴隸，以免生活過得太舒適。

我喜歡維持約一半的自家繁衍奴隸，以及一半的外來新血。然而，綜歸而言，必須承認，自家繁衍奴隸會帶來歡樂，也會反映主人家的地位。奴隸會增加我們財產的價值，提供忠誠和恭敬的服務。奴隸可以證明主人家的凝聚力和增殖力，如同一個運作良好的城邦國家。

第三章 評註

阿提米多魯斯所著《夢的解讀》（*Interpretation of Dreams* by Artemidorus），其年代可以追溯自西元二世紀，有時奴隸是一種「性形象」的代表。這可能表示羅馬人潛意識中，深受階級和壓抑的世界所影響。但羅馬人並沒有以弗洛伊德、內化或性化的方式來解夢，他們寧願視夢境為做夢者的未來，提供了神聖的訊息。在一個社會底層為奴隸制度的世界，與奴隸相關的未來預言，是解夢戲劇效果的一部分。

有趣的是，奴隸所想要解讀的夢，夢的卻是奴隸。這不僅說明，有些奴隸具有足夠的金錢來諮詢解夢人，而且他們認為值得花費金錢在這樣的事情上面。這代表，奴隸就像一般的自由人，會對未來感到擔憂。或許奴隸生活在奴役之下，這並不是說他們就會因此缺乏希望，不關心可能會發生在自己身上的事。

有足夠的證據顯示奴隸遭受性虐待。相對於奴隸，主人的地位擁有各種強大權力，由於奴隸缺乏基本權利，因此遭受性虐待並不令人感到驚訝。哲學家皇帝馬可・奧裡略自豪於自己能夠抵擋兩個漂亮奴隸的誘惑，這個史實表明，這不是一般多數主人會採取的方式。對於未成年男奴與主人發生性行為，其實並無多少人覺得恥辱：只要主人願意，可以利用所有奴隸，不分性別和年齡。很多主人到了現代會被視為戀童癖。

奴隸意外懷孕的情形很普遍，因此產生不少玩笑，詳情可見希羅克洛斯與費拉格流斯所編著的《愛笑人》（*Laughter Lover*, Hierocles and Philagrius）裡面有許多例子。羅馬作家佩托尼奧的《半獸人的故事》（*Satyricon*, ch. 57, Petronius）可能是源於對性虐待的憎恨（章 57），裡面有一個自由男性指出，「我為分享我的床的女奴買下了自由，所以再也沒有人能在她胸前摩擦他那雙髒手了」。在同作品中（ch. 75），特立馬喬（Trimalchio）說，他還是男孩的時候，有十四年時間是主人的最愛，但他辯護道，「我說，做你主人想要的，有什麼錯？」這大概也是多數主人為自己行為辯解的方式，至少如果他們覺得有必要就會這麼做。在主人眼中，奴隸是自己的財產，就像無花果是拿來吃的。

我們不知道奴隸對於這樣的待遇有什麼想法，合理的假設是，性虐待會有顯著的負面心理影響。現代研究發現，這種虐待的受害者會變得意志消沉、順從、缺乏自信。古羅馬的解夢（阿提米多魯斯 3.28）認為，老鼠代表主人家的奴隸，這沒有什麼好驚訝的，因為奴隸就像一起住在主人房子裡的老鼠，一樣微不足道。

奴隸自殺未遂的情形很普遍，因此法律規定必須要註記，規定賣方有義務揭露事實給準買家，奴隸是否曾經企圖自殺（摘要 21.1.23. 3; 21.1.1）。自殺或企圖自殺，本身並不是精神疾病的徵兆，但確實顯示一個人的生命中有很深的壓力。

或許羅馬奴隸並不覺得自己真的有被虐待，也或許他們確實是以特里馬喬的方式合理化虐待。而且，若能證明奴隸沒有什麼自我意識，我們才可能假設他們不會受到這種待遇的強烈影響。唯有具有強烈自我價值意識的人，才會受到羞辱而消沉。

但有證據顯示，許多奴隸對於正義和自我意識，具有很強烈的意見。阿提米多魯斯描述許多奴隸「渴望自由」，並為了獲得自由而犧牲。先知德爾菲（Delphic）的奴隸解放銘文顯示，許多奴隸為了確保自己能獲得自由，而付出大量金錢和勞力，但時間往往遙遙無期，通常是主人死亡以後才被解放。自由人的墓，經常會強烈聲明個人的成就和自我價值。

根據證據，很多或大多數奴隸都很反感甚至厭惡自己的社會地位，因此生活會面對極強的壓力，其中一些壓力的形式就是性虐待。現代心理健康的研究，甚至常識都告訴我們，這樣的條件都對奴隸整體的心理健康普遍會產生不利影響。在這種情況下，奴隸可能有很高的心理疾病發病率，而且這些心理疾病的形式，也很可能與現代截然不同。

第四章

一個好奴隸是怎樣煉成的？

我是個務實的人，這是一本實用的書。我沒什麼時間研究華而不實的希臘哲學，更沒時間理會邏輯詭辯的作繭自縛。但我認為，只要你能妥適地了解怎樣思考關於奴隸的事，就可以幫助你管理得更好。知道如何指揮奴隸，就等於知道如何做主人。所以，希望你能夠記住我的解釋，這些可稱為奴隸制度的哲學。

我們羅馬人都知道，自由對奴隸有好有壞。但希臘人曾提出質疑，認為雖然奴隸位於社會底層，但是否意味著他們一定也在道德的底層？如果奴隸的道德並不比主人差，他們想知道，是否奴隸制度永遠沒有平反的一天？我在前面曾提過，哲學家亞里斯多德認為，奴隸之所以為奴隸，是很自然的，野蠻人天生比希臘人低等，因此自然會成為高等希臘人的奴隸。

我不知道是否有人真正相信，但希臘人的確分辨了奴隸制度的黑白，這是無庸置疑的。因此，如果一個自由人變成奴隸，他的心依然帶著與生俱來的自由，而變成奴隸的野蠻人，不過是得到他應當得到的。

有一次，我聽到兩個希臘人為一件事大聲爭執（我不太記得是在吵什麼），其中一人剛好是奴隸。爭執尾聲，看來自由人就要輸給他聰明的對手了，他絕望地舉起雙手說，「你怎麼會知道，你只是一個奴隸！」然而奴隸笑容可掬地說，「但你真的明白自由人與奴隸的差別嗎？」自由人堅持自己知道什麼是自由，他認為奴隸不懂。但這卻使奴隸爭執得更起勁，就像鬥雞被打到會變得愈來愈激進一樣。於是奴隸問自由人，對於奴隸在社會中的地位，自由人的知識基礎是什麼？自由人怎麼確定他的母親沒有私下與奴隸發生關係，其實自己的父親可能是奴隸？奴隸聲稱，有許多著名的雅典人承認自己在襁褓時期被拐跑，後來被雅典人父母養大，其實他們原來不是雅典人。所以，你這個自由人怎麼能肯定自己真的是自由人？

正如你所見，這種奴隸就是聰明反被聰明誤。最後他的對手只是簡短地說，無論奴隸如何機智、如何咄咄逼人，雖無法百分百確定自己的自由人身份，也無法確定奴隸原本就是奴隸，但有一點是可以肯定的，那就是奴隸應受到奴隸制度的約束，但他卻看不見這位奴隸有受到任何約束。

「哦，拜託！」奴隸說，「你認為受到奴隸制度約束的奴隸，就真的是奴隸嗎？有很多自由人像奴隸一樣遭受不公平待遇，你常看到有人上法庭找證據證明他們是自由的，而遭受這種不幸的人成千上萬。當一個自由雅典人在戰爭被俘，被運到波斯或西西里島賣掉，我們不認為他就變成奴隸，而認為他其實仍然還是自由的。但是，如果有波斯人或西西里島人被賣到這裡，我們當然不會說這個人還是自由的。」

因此，自由公民說，是一個人的待遇使他成為奴隸。但是，奴隸卻更聰明。

「又怎樣！」奴隸說，「主人餵養我，我照他說的做，我不做會得到處罰，如果這樣就是奴隸，那麼主人的兒子也是奴隸。因為主人的兒子也一樣，父親說什麼就要做什麼，不做就會被打。」

奴隸接著補充，所以學生也是老師的奴隸。自由人反駁說，老師和父親不會把兒子和學生上銬鍊或賣掉，或送他們去推石臼磨麥子，只有主人會這樣對待奴隸。但奴隸回答，很多地方父親對待兒子的行為就像是奴隸，他認識一些父親為了錢把自己的小孩賣作奴隸，但其餘的兒子卻不會因此變成奴隸。

奴隸所提出的觀點是，無論大家是否都認為奴隸天生就是沒有價值，生來要被奴役的，有一天奴隸都可能重獲自由，他們的孩子會像任何自由人一樣自由。同理可證，如果自由人不幸被綁架或俘虜，賣掉變成奴隸，無論從任何方面來說，他就是個奴隸，與其他奴隸完全相同。所以奴隸制度根本不是天生的。

值得慶幸的是，一旁聽他們爭執的人，對於奴隸拒絕接受證據，老是咄咄逼人的態度，都感到很厭煩。因此他們問奴隸，那麼奴隸究竟是什麼？有人說，如果一個人擁有另一個人完全的所有權，表示他可以任意對待另一個人，就像對待自己的財產一樣，這就是一個人變成另一個人奴隸的正確描述。

但奴隸繼續追問「擁有完全所有權」的意思，畢竟很多人擁有房子或馬匹或某樣東西，結果實際上卻沒有合法的權利。同理可證，一個男人或女人也可能會被不公平地擁有。首先，奴隸必須是在戰爭中捕獲，因為沒有人天生是奴隸。換句話說，人原本是自由的，然後受迫而被奴役，這似乎不是很道德，但也難以辯解。因此這樣的人當然不可能說是天生的奴隸，他們本是自由的。如果他們脫逃成功，就會恢復原來的自由狀態。

一位觀看這場爭執的人提出意見，表示這些人雖然不是奴隸，但他們的孩子和孫子則一出生就是奴隸。「怎麼會呢？」奴隸回話，「既然是因為被抓而變成奴隸，那麼這個詞應該只適用於被抓到的人，而非後代子孫。如果不是由於被抓而變成奴隸，而是以出生為標準，那麼很顯然，被抓的原本是自由人，因此後代也不可能是奴隸。」

我想奴隸想要表達的是，「奴隸」這個詞原本的意思是指一個人的奴性特質。因為我們都知道，有的自由人具有奴性，有的奴隸具有高貴的氣質。就像「高貴」和「出身名門」這兩個詞，最早是指一個人出身良好，因此天生具有美德，行為出眾，而非指他的父母。奴隸並非天生壞胚子或沒價值，就像自由人也不都是天生好人。人們只是停止思考他們所說的話，並錯誤地運用名詞。事實上，真正的奴隸是那些行為舉止缺乏道德的人，無論他們是奴隸或自由人。

讓希臘人日夜爭論吧。然而**我們**必須了解的是，雖然自由對奴隸有好有壞，但並非表示所有奴隸都是壞的，不過，唯有他們甘於為奴，這點才成立。一個人的道德地位，是靈魂素質的反射，社會地位無關這個問題。至關重要的是，**我們**了解一個事實：奴隸也是人，應該受到同等待遇。

擁有智慧與學問的主人了解，必須與奴隸保持良好互動，畢竟他們要與奴隸共享屋簷。天有不測風雲，世事變幻莫測，你應該記住，今日你為主人，明日可能為奴。因此我對人們表示「與奴隸共進晚餐很羞恥」這件事，感覺很荒謬。為什麼？如今大多的主人做法可惡，有什麼理由過度囂張，一定要由整群奴隸包圍簇擁。今日的主人腦滿腸肥，狼吞虎嚥，腸胃要如何消化塞得滿滿的美味佳餚？然後，再好不容易費力把所有食物一口氣都吐出來。

主人腹脹嘔吐的時候，可憐的奴隸大氣都不敢吭一聲，必須安安靜靜站在旁邊，以免遭到鞭打。他們連無意的打嗝都不被允許，以免使主人分心，不能完成暴食的壯舉。若有奴隸膽敢製造任何噪音，將得到最嚴厲的處罰。整個晚上，主人反覆填滿又清空肚皮，然而奴隸站在旁邊，在飢餓和恐懼中無聲地顫抖，不讓肚子發出咕嚕聲，以免打擾了桌子上的主人。

當主人如此對待奴隸，奴隸當然會在主人背後議論紛紛，這並不令人意外。相比之下，得到允許可以在主人面前說話的奴隸，這些人實際上忠心耿耿，不僅願意為主人而死，更願意陪著主人赴死。他們願意為主人抵擋危險，為主人挺身而出，無論任何威脅都心甘情願承受。他們伺候主人晚餐時或許會說話，但他們被敵人折磨時卻會咬緊牙關，不洩漏絲毫可能會傷害主人的訊息。

如果你認為奴隸是我們的敵人，那麼你應該記住，那是因為我們把他們變成了敵人。對待奴隸有很多殘忍不人道的手段，把他們當成不會說話的動物，而不是人。例如，我們躺臥在臥床上吃飯，而奴隸必須等在一旁，準備清理我們暴飲暴食的嘔吐物。或一些可憐奴隸的工作是切肉，處理昂貴的雉鳥野禽，他們巧妙地以訓練有素的手，將烤好的胸肉和臀肉切下來。但可憐的奴隸，他不會得到一片肉，他的生存目的就是為了熟練地切肉。奴隸沒有選擇，必須學會主人交待的事，但是認為奴隸應該學會這項技巧的主人，其實比奴隸更可憐。

還有倒酒的奴隸。這個年輕男人穿得像個女人，他努力維持年輕的外貌，但男子氣概還是漸漸顯露出來。另一個奴隸的工作是量度客人的行為舉止。他站在那裡，緊張地記錄表現蠻橫的客人，是否值得明天再邀請回宴。有的奴隸準備好菜單，他們了解主人品味的所有細節，知道什麼可以刺激他的味蕾，令他開胃；他們知道菜餚如何擺設可以使主人歡心，如果主人覺得不舒服，什麼樣的新菜色可使他吃了有精神。他們明白主人的無聊，主人的渴望。然而不用說，主人做夢也不會想到和廚子一起吃飯，因為他認為與奴隸共享餐桌叫作紆尊降貴。

我曾經看過某個主人，外面在下雨，他把奴隸留在屋外，迎接嘉賓在屋內舉辦晚宴，尋歡作樂。後來主人把這個奴隸賣掉，放在一群低價的奴隸中，權充當天第一批特價，用以幫拍賣官暖場子。而這個所謂沒有價值的奴隸呢？結果他竟成為一個惡名昭彰、力量強大的自由人，晉升到皇帝之下，掌握了很大的影響力。他的餐廳裡有三十枝瑪瑙柱，還把老主人抓回來服侍他，為從前的蔑視付出代價。

你必須認真思考事實，你稱之為奴隸的人，和你一樣都是人生父母養，他們和你一樣呼吸，一樣死亡。你必須看穿他的奴隸外表，認出他的自由人內在，同樣地，他也可以看見你內心的奴隸。命運總是捉摸人性，即使出身再高，都會掉落汙泥，苟延殘喘。你真的認為應該不尊重奴隸嗎？如果命運之神授意，有一天你也可能降級到奴隸的地位。

我不是要開一個講座，指導你該如何對待奴隸。我真正想對你說的是，你對待奴隸的方式，就是你希望上級對待你的方式。每當你想到你對奴隸擁有多大的權力，請想想你的主人對你擁有多大的權力。如果你反駁自己沒有主人，請想想命運，想想你可能也有那麼一天。

因此，當奴隸犯錯的時候，請原諒他們。請與他們交談，對他們有禮貌，與他們分享晚餐。此時所有過著豪華的生活的人，會對我尖叫：「你的行為真令人噁心，太有損顏面了！」但你難道不知道，這就是我們偉大的祖先希望我們對待奴隸的方式？祖先稱奴隸為「家裡的一份子」，而主人是「一家之主」，因為大家同屬於一個家庭單位。奴隸給主人尊重的地位，以及在家中主持正義的權力。祖先認為，一個家是國家的縮影。

所以，你會問，「你要我每天晚上邀請所有奴隸吃飯，是嗎？」

「是，就像邀請你的孩子吃飯一樣」，我說。你不該因為人們從事低賤工作而無視他們。你不能因為養騾子的人過得很卑微，就看不起他們，真正重要的是他的品德。工作天注定，但每個人都有自己的品德，這是自己可以發展的。你必須邀請一些人與你一起吃晚飯，這是他們應得的，這樣其他人才會受到鼓勵，進而希望未來得到同樣待遇。如果奴隸的個性裡面有奴性，那麼與你這樣的自由人相處，將能驅除這些奴性。

你看，你不應該只從相同階級中選擇朋友。如果仔細找，你會在自己家裡找到朋友。若沒有工匠的運用，良木往往扭曲。但如果你願意嘗試，你會發現你有很多良木可用。就像你買一匹馬，不是要檢查馬鞍，而是要檢查馬。因此如果你用衣服或社會地位來判斷一個人，你就是傻子。你看他們是奴隸，他們心裡卻自由。

事實上，在我們心裡，人人都是奴隸。有人是性奴，有人是錢奴，有人是名利奴、階級奴，而我們所有人都是希望和恐懼之奴。讓我給你一些所謂高貴人士的例子，告訴你什麼叫做奴性的行為。我認識一位執政官階級的男人，但他的行為簡直就像某個老婦的奴隸，因為他想盡辦法想要繼承老婦的財產。還有一個有錢的老男人想要吸引某個年輕女奴，他認為自己魅力十足，不必動用權力就能贏得她的芳心。我還想到不少出身良好家庭的公子，迷戀舞台上的男女演員；沒什麼比「自願當奴隸」這種奴性還要更可恥。所以，你不應該讓這種傲慢優越的人，阻止你和藹可親地對待你的奴隸。要讓奴隸尊重你，而不是害怕你。

我敢說，有些人會指控我在煽動奴隸起來推翻主人。這些人會說，地位卑賤的人本來就該當奴隸，而奴隸理應尊重和順從我們主人，但顯然這些人想要得到比神更好的待遇。尊重並非建立在恐懼之上，如果你得到尊重，表示你也被人所愛，因為愛不能與恐懼混淆。所以，你必須了解，你不希望奴隸怕你，你在處罰他們的時候，能用說的就盡量用說的，毆打應該是畜生專用。我們奢侈慣了，只要一點小事不合心意就會生氣。我們如暴君般行動，爆發的憤怒完全不符合權力的地位。但權力表示沒有人會勸諫我們。讓我們不開心的小事實際上微不足道，根本不可能傷害我們。因此，假使我們的確沒有百分百得到符合自己心意的完全正確服務，那又如何？大發脾氣只會傷害自己。

言盡於此，我不想說教。管理奴隸很困難，很討厭，但即使在現實中你無法達成這種管理方式，也應該嘗試把這些理想放在內心深處。否則，你會發現自己很快養成壞習慣，你會開始像個霸王，對待奴隸彷彿他們是愚蠢的畜生。

你必須記住，既然奴隸不是天生，代表你也不是天生的主子。除了社會地位，你更需透過行為來證明自己有資格當個主人。當然，你的奴隸也是，必須展現出他們不全然只有奴性的一面，如此一來，才可以期待他們行為高尚，像個自由人。如果奴隸反覆行為不良，那麼人們當然會認為他們具有天生的劣根性，內建低落的道德，使奴隸無法追求生活中更高、更美好的事物。

我想向你證明，奴隸有能力展現最好的行為。不是所有奴隸都很無恥狡詐，他們也可以忠誠高貴。況且由於他們的靈魂依然自由，他們能夠展現最大的美德。很多人質疑奴隸是否能夠協助主人，事實上，奴隸不僅能幫忙，而且常會超出人們的期望。有許多例子都證明，奴隸會不顧自己安危，為保護主人而奮戰，即使全身已經傷痕累累，也一直戰到最後一滴血流乾，為主人爭取足夠的逃生時間。有些奴隸面對威脅和折磨，寧死也不願意出賣主人的秘密。

像這樣奴隸行為的例子有很多，由於他們展現了高尚的品德，更顯得稀有和珍貴，甚至由於奴隸的行動受到必要性的限制，因此他們比自由人更受到讚揚。

你會發現，儘管主人的權威令人不快，但奴隸對主人的愛已經克服了所有身為奴隸的不滿和怨恨。

事實上，品德高尚的奴隸並不罕見。當格魯門頓（Grumentum）被包圍，城內徹底絕望，兩個逃跑的奴隸倒戈幫助敵人。後來，得勝的軍隊進入佔領，在城中燒殺擄掠，兩個奴隸抄捷徑跑在敵人前面，回主人家幫助女主人脫逃。侵略者問女人是誰，奴隸說她是女主人，因為她對他們很殘酷，所以要把她帶走執行死刑。但其實他們只是把她帶到城牆外，仔細藏起來，等到敵軍滿足了屠殺搶劫的欲望，才把女主人放出來，讓女主人獲得自由。女主人立即以釋放奴隸作為回報；對於性命受到生死控制在自己手裡的奴隸所拯救，她肯定沒有感到屈辱。後來這位女主人名聲遠播，她的慷慨成為所有羅馬人的榜樣。

還有一個故事是關於一個高級官員，他的名字叫作保祿（Paulus）。一天他在晚宴中躺在躺椅上吃飯，手上戴著戒指，戒指鑲嵌了一顆大寶石，刻著皇帝提比流（Tiberius）的肖像。保祿站起來去便壺解放。這時一個惡名昭彰的密告者馬羅（Maro）注意到這件事，他看到了一個千載難逢的機會，可以指控保祿汙衊皇帝的形象，這樣他就能得到賞賜。但是，保祿的奴隸也看到主人的行為，他立即把酒醉主人的戒指從手指上拿下來，戴到自己手上。因此，當馬羅向其他用餐者指控皇帝的形象受到侵犯，奴隸就把自己的手指起來給大家看，戒指是在他的手上。

在神聖奧古斯都皇帝時期，晚宴還沒有那麼危險，只是偶爾會發生問題。有一位元老叫作魯弗斯（Rufus），在晚宴上喝醉了，他大聲宣稱皇帝無法從即將展開的一場戰役中安全返回，因為所有為了祈求皇帝平安的祭祀公牛，其實作用剛好相反，是為了祈求皇帝的死亡。第二天早上，整晚站在魯弗斯躺椅下面服侍的奴隸告訴他，他昨晚喝醉時所說的話。奴隸勸他趕緊戴罪到奧古斯都面前認罪，以免別人先去告發。魯弗斯接受了，立刻拜見奧古斯都。他向皇帝發誓，他不知道自己昨晚說過了什麼，他向上天祈禱讓不幸落在自己的頭上，讓皇帝安然無恙。他懇求凱撒能原諒他。於是皇帝答應了，但魯弗斯認為沒有人會相信，所以要求皇帝送他一份禮做為信物。然後，他向皇帝要求一個非常慷慨的金額。奧古斯都給了他，說他永遠不會真的對魯弗斯生氣。當然，皇帝大容大量原諒了愚蠢的魯弗斯，但真正救了主人的其實卻是奴隸。不用說，最後魯弗斯將自由還給了奴隸。

我可以繼續舉例，把好奴隸心裡的好品德一條一條列出來，其中一例就是烏比努斯（Urbinus）。烏比努斯被判處死刑以後，躲藏在列蒂（Reate）的莊園。有人供出了他的藏身之處，於是奴隸佩戴他的戒指和衣服，假裝是主人，躺在主人臥室裡。派往列蒂的士兵攻破了莊園，找到奴隸，奴隸伸出脖子慷慨就義，堅定地接受了劊子手的一擊。後來烏比努斯受到赦免，他為奴隸修了一作墳，雕刻銘文描述奴隸的偉大行為和美德。

或是另一個例子，有個奴隸被主人處罰，儘管如此，他依然好心腸。主人雷斯托（Antius Restio）因犯法而連夜脫逃，因此奴隸大肆瓜分財產，只有一個最近曾被鍊子鎖起來的奴隸例外，他還受到烙刑。其他奴隸把這個受刑的奴隸釋放了，但是受刑的奴隸不但沒有加入掠奪的行列，還追隨逃亡的主人。主人發現奴隸來追他，害怕奴隸是為了報復殘忍的刑罰。但是，奴隸清楚向他保證，有辱人格的刑罰要歸咎於主人的財富，而不是主人的錯。然後，他把主人藏起來，還供應糧食。不久，奴隸發現士兵追上來，他就隨手勒死一個剛好在附近的老人，築起火葬的柴火，把老人的屍體放在柴火上面燒，有人走過來問，他就告訴他們雷斯托死了，誰教雷斯托處罰他，這是雷斯托的報應。每個人都信了他的說詞，士兵走了，雷斯托終於得救。

昔庇阿（Caepio）也有一個類似的故事，他想要謀殺奧古斯都，卻被發現而判處死刑。一個奴隸趁著晚上把他裝在木箱裡，抬到台伯河，設法回到他鄉下的莊園。後來，奴隸把他帶上一艘船，航行途中發生船難，就把主人藏在那不勒斯。後來兩個人終於被逮捕，但是奴隸無論如何都不願意說出任何會連累主人的口供。

還有阿西琉斯・波利奧（Asinius Pollio）脅迫帕多瓦城（Padua）提供武器和金錢的時候，導致許多有錢人躲起來。波利奧設下獎賞和自由給出賣自己主人的奴隸，但沒有一個奴隸前來領賞。

馬可・安東尼（Mark Antony）有一次被控性侵，檢察官想要拿到證據，就要求把罪案發生時，一個為馬可隨身提燈照路的奴隸抓起來審問，但除非主人答應，否則不會有審訊。馬可心中不願意，我想他是擔心奴隸可能會在脅迫下說出口供。儘管奴隸知道審訊會有拷打折磨，他還是主動要求主人把他交出去，並發誓他什麼都不會說。因此經過嚴刑拷打，奴隸終究還是沒有招供。但我不記得這個奴隸的名字了。

有些奴隸甚至寧願死亡，也不願與主人分開。例如，蓋烏斯・維久斯（Gaius Vettius）被自己的部隊背叛，背叛者想要把他交給龐培，但奴隸卻把蓋烏斯殺死然後自殺，以免他的主人獨活。這真是高尚的品德！另一例中，當蓋烏斯・格拉古（Gaius Gracchus）被殺死，他忠實的奴隸優波魯斯（Euporus），由於深感與主人緊緊相依，於是優波魯斯也自殺身亡；他徒手把自己的肚子撕開，倒在格拉古的屍體上，就此死去。

除了男奴會展現這種優良品德，還有一個女奴所展現的行為特別值得紀念，你很難找得到其他出身的高貴女性，能夠展現此種非凡風範。

七月七日是羅馬的女奴日，在這一天，自由婦女和她們的奴隸會在野生無花果樹下祭祀天后朱諾（Juno Caprotina）。這是為了紀念一位女奴，她為了捍衛羅馬榮耀而表現了巨大的勇氣。羅馬在西元前三九〇年受到襲擊，全國籠罩在水深火熱之中。鄰近部族紛紛想要藉機入侵羅馬領土，於是他們推舉菲迪尼（Fidenae）的獨裁統治者——李維（Postumius Livius）統御指揮。李維下令羅馬元老院交出所有母親和未婚少女，來維持目前的局面。元老院猶豫不決，這時有個名叫圖特拉（Tutela）的年輕女奴，她答應與其他女奴一起到敵人陣營，假意裝成她們的女主人。因此，女奴們打扮成羅馬的母親和女孩，列隊出發走向敵人，羅馬人流著眼淚送走她們，假裝看起來像是哀痛失去了他們的母親、姊妹和女兒。李維把女奴分配到軍營裡，於是女奴紛紛給士兵們灌酒，好像在慶祝羅馬的狂歡節一樣。後來士兵們都熟睡了，女奴就爬到附近的野生無花果樹上給羅馬人打訊號。羅馬人發動突襲，最終贏得勝利。由於感激，元老院下令，所有女奴都獲得自由，還送給她們金錢獎勵。羅馬人並決定，每年舉行一次祭祀來慶祝這個日子，以紀念女奴的英勇表現。

看到這些例子，我想你會同意，的確有理由不可輕蔑看待奴隸，因為有足夠的證據表示，很多奴隸都值得信賴，他們審慎又勇敢。事實上，你經常會發現，雖然很多人家裡的別墅掛著許多顯赫祖先的畫像，每一個族譜的小分枝他們都一清二楚，但除了血統的高貴，他們的行為卻一點都不值得稱頌。

我們的父親與我們都在相同的宇宙之下，無論出身高低，我們都透過父親與祖先連結。即使一個人不知道自己的出身，被命運之神拋棄，你也不該看不起他。假使你的祖先有奴隸也有自由公民，請對自己的卑微感到驕傲，但不要讓你的自尊心掩蓋了奴隸的優點。所有奴隸都能夠成為羅馬人，雖然歷時較長，經常需要幾代人才能達成。

當然，老實說，我們都知道，倘若奴隸能夠效法主人所設立的楷模，就已經很不錯了。上樑不正下樑歪，如果主人自己設立了粗心的榜樣，奴隸自然很難學到小心仔細。坦白說，我不記得哪個壞主人家裡有好奴隸，不過，我卻知道許多好主人家裡有不少壞奴隸，而壞奴隸會受到處罰。如果你想使奴隸受道德感化變成好人，你就要監督和檢查他們的工作，也必須願意獎賞做得好的奴隸，而不要害怕處罰行為不良的奴隸。唯有在你的身教與言教下，恩威並施，奴隸才有希望進步。

奴隸總比主人遜色，這是個很可悲的事實，大多數的奴隸都沒有得到應有的訓練，所以不能變好。更可悲的是，今天我們在各方面卻都必須依靠這些下屬的服務。我們用奴隸生產糧食、煮飯，僱用他們洗衣服，替我們扛包包。我認識一個偉大的羅馬人，他知道自己沒有自制力，因此用餐時必須屈辱地讓奴隸來制止他拿取過多的食物。必須聽從奴隸而不是自己，這真是奇恥大辱！像這樣沉迷於奢侈生活的主人，才是真正的奴隸。

第四章 評註

在本章中，傅可斯的態度明顯轉為富有哲理。他的文字展現了斯多葛學派思想的影響，導致古羅馬哲學家塞內加寫出許多關於奴隸制度的文本。依照此派思路，身為奴隸的事實並不那麼重要，重要的是一個人內在的靈魂。即使是一個富有的主人，也可能因為沉迷於某些惡習，如性愛或飲食，而變成一個真正的奴隸。

斯多葛學派對於奴隸制度的觀點，與希臘人截然不同。在古希臘哲學中，如亞里斯多德認為，奴性是天生的，而希臘人則相反，是生而自由的，他們認為奴隸與野蠻人是同義詞。很久很久以後，在英國和美國的奴隸貿易中，這種古希臘論證提供了奴隸種族模型的基礎，將黑人視為天生的奴隸，比白人低劣。

羅馬人從未對於此區別有所爭論，部分是因為羅馬社會中的公民群體，包含了許多獲得自由的奴隸，因此不可能主張種族純淨概念。許多羅馬人都是奴隸的後裔，這是個不爭的事實。這也意味著，即使面對種族親近的義大利人，羅馬人也不會放過奴役他們的機會。相較之下，希臘人卻無法接受奴役其他希臘人的想法，因為他們認為希臘人天生是自由人，因此無論一個希臘人的品德是好是壞，奴役他們都是不可原諒的。

傅可斯對於奴隸的態度很有人道，因為他視奴隸制度現狀為一種社會風俗。被奴役的個體仍然是一個有價值的人，能夠行使崇高的道德，因此需要待之以尊重。

但別因此以為羅馬帝國是以人為本的國家，我們必須記住，斯多葛學派思想裡面並不具有普遍的人權觀，只是認為主人具有一些模糊的責任，面對奴隸必須舉止合宜，只要主人表現良好，就可以激發奴隸的行為良好。這種溫和態度其中一個主要的動機，可能是害怕奴隸會攻擊自己的主人。另外還有一個很普遍的假設，認為即使奴隸的行為合乎道德，也不可能比主人更具有美德。其他諸如女奴團體，則完全不受精英哲學家所注意，因此絕大部分都沒有囊括在這些道德爭論中。

並沒有證據顯示斯多葛思想對奴隸待遇的實際影響，當然也沒有引發任何廢除奴隸制度的意見，甚至對奴隸社會制度的任何批判。如塞內加的文本只是理論性的，只能打動受過教育的小眾。塞內加自己在其他著作中寫了許多關於奴隸的貶損評註，違背了自己相對仁慈的觀點。

傅可斯的說法可能並沒有反映一般羅馬奴隸主人的態度，即使這類想法更可見於社會，仍無證據顯示羅馬主人因此對待奴隸變得更和善。把這種精英思維，解釋為他們對自己政治情勢改變的反應，可能更不具有意義。事實上，認同塞內加的人，如今則生活在尼祿這類皇帝的威權之下，因此使得奴隸制度更不受重視。所有自由的羅馬人，現在都成為皇帝的政治奴隸。

關於希臘人和聰明奴隸的爭論，來自狄奧《演說》（Dio Chrysostom *Oration* 15）。斯多葛主義對奴隸的例子，可見愛比克泰德《語錄》（Epictetus *Discourses* 4.1）。西塞羅延續斯多葛主義，認為主人即使面對最低階的奴隸，也有責任行為公正，見於《論義務》（*On Duties* I. 13.41）。關於羅馬人的觀點，認為必須藉由行為而非出身，來表現一個人的價值，同樣來自狄奧《演說》（Dio Chrysostom

Oration 15）。用奴隸來防止自己過度飲食的羅馬人見於老普林尼的《自然史》（Pliny the Elder *Natural History* 28.14）。展現美德的奴隸，見於蘇東尼烏斯《文法家》，馬克羅比烏斯《農神節》以及塞內加《論恩惠》（Suetonius *Grammarians*, Macrobius *Saturnalia* 1. 10. 16-25 and Seneca *On Benefits* 3.23-8）。奴隸應被視為人類的看法，見於塞內加《信件》（Seneca *Letters* 47）。各種關於古代奴隸制度的理論分析，見於彼得・甘西《從亞里斯多德到奧古斯都之奴隸制度觀點》（Peter Garnsey's *Ideas of slavery from Aristotle to Augustine*）。

第五章

奴隸的處罰

若你有一頭頑固的騾子，而你想要用優美的修辭學藝術來試圖說服騾子，以馱運你想要的東西，我得告訴你這樣做是沒有意義的。對待奴隸也一樣，無論你努力維持什麼樣崇高的理想，你都會發現奴隸制度的哲學沒有什麼實際作用。你以身作則展現高貴與勤奮，希望你的奴隸能夠上行下效，現實中卻發現有時不得不用力提醒他們低賤的地位，以迫使他們為你辛勤工作。別以為你和善對待奴隸，他們就會變得更好。頑劣奴隸不講道理，他們就像動物一樣，必須揮鞭子才會好好動作。

事實上，你會發現奴隸的心智總是時時在評估處罰的風險，甚至連做夢都在想。眾所周知，奴隸夢見牛肉表示厄運，因為皮帶和鞭子都是牛皮作成的。但是，作為奴隸的主人，你不該為奴隸擔心無時無刻面對處罰的焦慮，相反地你應該明白，焦慮有助於加強主人在奴隸生活中的統治地位。一個奴隸無時無刻，無論執行何種職務，都應該把主人放在心裡，這樣才是一個細心、勤奮、高產值的奴隸。

奴隸有時需要受到處罰，但你應該要小心，不要過份。如果只是因為奴隸臉皮很厚或說話不尊重，在能夠維持紀律和權威的前提下，你應該盡可能避免鞭打奴隸。畢竟奴隸是你的財產，如果你傷害他們，實際上等於是在破壞自己的貨物。如果別人要傷害你，你自然會尋求法院的經濟補償。你的奴隸也一樣，即使傷害僅值自由人的一半價值，依然是傷害。

然而可悲的是，大家都認識那種處罰太過分的主人。我有個朋友，就像許多人一樣，堅持奴隸在服侍他和家人用餐的時候必須完全安靜。最近我到他家吃飯，一個侍者打了一個悶響噴嚏，結果遭到殘酷的鞭刑。另一個侍者端湯上桌時咳嗽，被拖出去棍刑。不得不說，這讓我吃得很緊張。我猜想，等客人走後，情況恐怕會變得更加火爆。有人告訴我，只要有奴隸沒能完美執行任務，或是有哪個廚師的菜餚不夠豐盛，統統少不了一頓打。

有一個家喻戶曉的故事，維狄烏斯・波利奧（Vedius Pollio）邀請神聖皇帝奧古斯都共進晚宴。在晚宴上，一個奴隸男孩打破了一件昂貴的水晶杯，於是波利奧下令把奴隸丟到他養著巨大七鰓鰻的池塘裡。顯然，他只是想把自己的力量彰顯給皇帝看，但是，他的行為只是野蠻，不是堅韌。男孩逃了出來，跑到奧古斯都的腳邊避難，懇求奧古斯都讓他以其他的方式赴死，而不是變成魚的大餐。奧古斯都對於這種異常殘酷形式感到憤慨，便下令波利奧釋放奴隸。然後，他告訴其他奴隸，把所有的水晶杯拿過來，當場在主人目擊下把杯子打碎，並下令波利奧填滿池塘，埋掉七鰓鰻。

我們都做過這種事，當然。哪個主人不會因為沒有用的奴隸，偶爾惱羞成怒、處罰奴隸？我聽說本地有一個主人因為一時生氣，心理不平衡，把奴隸從一樓窗口扔出去。而我的一個朋友，受夠了一個沒用的老奴隸，所以就砍了他的腿，保證他從此不必再走動。甚至皇帝哈德良（Hadrian）有一次因為被奴隸激怒，就拿筆把奴隸的眼睛給戳出來。

但除了正常的發脾氣，我們不應該太過分，為了使客人印象深刻而發明異常的處罰方式。讓一個人肚破腸流，只因為你的杯子被打破？能力所及，請儘量控制情緒。有一件事你要知道，若奴隸日後重獲自由，他們會以自己曾經遭受的暴行為標準，對待擁有的奴隸，他們惡名昭彰，經常動用鞭刑暴打奴隸，好像在彌補自己的奴性起源。

這裡我談論的當然是本地私人擁有的奴隸，至於犯下滔天大罪而被法院判刑罰到礦場工作的奴隸，不容得到寬大的待遇。受刑的奴隸被迫忍受千辛萬苦，身體受盡折磨，最後他們只求一死解脫。罪犯理當付出代價，但礦場僱用的奴隸並沒有罪大惡極，卻要遭受同樣的折磨，令人不能不同情。礦場的奴隸不分晝夜在地底挖掘，為他們的主人生產了難以置信的財富，卻也毀了自己。不但工作條件不好，他們也得不到休息，被監工暴力逼迫，不停工作。不過，也有不少自由男性自願到礦場謀生，可惜這些礦場已不再是通往財富的輕鬆道路，金銀蘊藏量已經枯竭，必須做更多工作，冒更多危險，才能生產相同份量的金塊。

此外，法院判決有罪的奴隸也不在我的討論範圍內，這些奴隸會被拋入競技場供野獸啃噬，成為我國公民的娛樂。主人的鞭打處罰不會使奴隸遭受這樣的命運，因為主人一般不會為了這些目的而賣掉自己的奴隸。當我們看見奴隸的肢體被撕裂，或是聽見骨頭碎裂的聲音，見證了奴隸為惡行付出代價，得到處罰，我們便可以放心。我有個朋友最近製作了最為細膩、優美的馬賽克圖畫，展現在他餐廳裡進行的行刑處決，非常華麗！

當然還是有某些情況，私家所擁有的奴隸是應該遭受極刑。首先我想到的情況是，奴隸能夠給予主人幫助，應當做卻不做。當主人處於危險之中，奴隸應該把主人的安全放在第一優先。我記得以前有個女奴，她與女主人同睡在臥室裡，有個暴徒闖入，命令女奴不準哭出來，否則就殺了她，所以女奴只好忍著不出聲，但其實這個女奴應該奮不顧身去援救女主人，用肉身擋住歹徒，或大聲叫喊警告家裡其他奴隸。所以這個女奴被判死刑是理所應當，這樣可以給其他奴隸做個榜樣，遇到危險要考量主人的安全，捨身救主。

就我自己來說，處罰奴隸這項差事，我通常會交給外包。我們當地議會提供服務，只要收取一個固定的費用，就可以執行鞭刑。規費很便宜，如果我記得不錯，一鞭四銀元。他們到府架起絞刑架，慎重地把犯法的奴隸從囚禁的房間帶出來，綁在架子上。他們設想周到，連綁奴隸用的繩子都自備。這種方式對其他奴隸也會產生相當的嚇阻作用，除了可使其他奴隸守規矩，你也不必弄髒手。從前主人有權處死自己奴隸的時候，這種外包還提供釘十字架的包套服務，附送十字架和釘子。如果需要刑求，有燒燙的瀝青備用。當時只要家裡有奴隸被控重罪，大多數主人都會把所有下屬召集起來，待審判確定，隨即將奴隸在眾人面前就地正法。

我在鄉下的莊園裡，有一個陰暗的地牢，專門禁閉犯錯的奴隸。地牢只有頂端幾個縫隙可以透入光線，徒手爬不上去，飲食也只夠充飢。如今這些方式雖然已經不再合法，但我覺得還是可以用一些恐嚇的方式，再蠢笨、再固執的粗人都有效。

舉例來說，我會處罰奴隸去磨坊做苦工，讓他們取代騾子轉動石磨，即使是無賴也受不了這種折磨，很快就會形成一幅悲苦的畫面：身上纏著破布，頭髮剃光，腳上拖著鐵鍊，蠟黃的臉布滿麵粉，全身滿是細沙，活像摔角選手搏鬥的慘樣。你要知道，我不會讓他們長期受折磨，以免反而消磨了他們的心志，正確的作法是鼓舞奴隸在適任的位置上努力工作。

執行這樣的處罰，你絕不會感到內疚。奴隸是被自己的邪惡所毀，而不是主人的殘酷。再者，如果你的良心因為處罰奴隸不公而心痛不安，無論你是親自動手或使用刑具，根據可靠消息保證，只要立刻吐口水到引發傷害的手掌心，隨即可以消解受刑奴隸的怨恨。皇帝哈德良把奴隸的眼睛用筆戳出來以後，竟然立刻向他道歉。皇帝問他怎樣可以彌補，但是奴隸膽敢得寸進尺，表示無論皇帝做什麼，都無法彌補失去的眼睛。這表示如果你對待奴隸太溫和，他們很快就會利用你的心軟給你找麻煩。

小心，不要因為打奴隸而傷了雙手，如果你處於盛怒之下，更可能受傷。我們還知道有些人除了動手還會動腳踹奴隸，有時手上有刀子還會直接拿來戳奴隸。我知道幾個朋友因為揍奴隸，不小心打到牙齒而手受傷。我有個醫生朋友，各方面都極為傑出，但脾氣暴躁經常動手打奴隸，甚至手腳並用。不過大多數時候，他是用皮帶或隨手拿木棍木棒抽打奴隸。每次處罰，他總是耗盡力氣，身上青一塊紫一塊，過度拉扯肌肉，結果原本發號施令的人自己反而受傷。

我們另外要記住，奴隸提供主人成長的機會，管理奴隸讓我們學會控制先天本能，這是另一個我選擇不親自動手處罰奴隸的原因。脾氣上來最好不要立刻發作，而是暫時克制怒氣，仔細想想究竟要給奴隸幾個棍子還是鞭打幾次，然後你可以交由專責處罰的奴隸，或是外面僱用來的人，來執行這個任務。

處罰奴隸之前暫且忍一忍，停一停，讓你的道德優越有機會展現。畢竟我們已經原諒過高盧人與英國人的反抗，面對更低賤的人，何不展現同樣的寬恕精神？即使一些可憐的奴隸愛偷懶或講話，我們是否偶爾也該手下留情？如果奴隸只是個孩子，看在年齡的份上應該原諒，如果是女奴，性愛可以補償。正如我們尊重地位高於我們的人，因此不會隨便發怒，我們也應該保有較多的優越感與自尊，而不致對奴隸生氣。把一些悲慘的奴隸送進監牢冷靜幾天，並不是什麼英勇的行為。

在許多情況下，不受控制的怒氣爆發，容易導致法律糾紛。從前，有一位女士名為史塔提莉亞（Statilia），她向皇帝請教，是否要履行過世丈夫的遺囑條款，這一個條款是在丈夫對兩個奴隸的盛怒之下寫成的，要求其中一個奴隸上銬鍊一輩子，而另一個則要賣到國外，遠渡重洋。皇帝回答，她的丈夫寫好遺囑以後，又活了很久，如果他想要，他有足夠時間更改這條在盛怒之下寫成的條款。所以，除非有證據顯示主人的怒氣已經得到奴隸的緩頰，比如奴隸是否可能進行了一些特別的立功行為，才能合理假設他們平息了主人的怒火，因此她必須尊重丈夫最後的願望。接著皇帝強調，必須要有適當的書面證據來證明奴隸的作為，而不只是從其他奴隸口中取得證詞。

由皇帝出面調解主人和奴隸之間的關係，有愈來愈頻繁的趨勢。身為一國之君，也是所有家庭的守護者與大家長，這是自然的，皇帝應該提供我們指導，好好管理我們的家務事。幾位皇帝也曾下旨，凡是有奴隸向偉大的神像或皇帝雕像下跪訴願，他們的投訴就有權受到調查。這是由於幾個地方執政官問皇帝，該如何處置躲在神廟或皇帝雕像旁的奴隸。皇帝宣布，如果是由於主人的暴行而導致奴隸逃跑、尋求庇護，那麼應該把奴隸賣給新的主人，販賣的收益則還給原主人。這個決定很合理，基於公共利益，人民不應錯誤運用財產。雖然主人對奴隸的權力必然是絕對的，但一般來說，為了主人的利益，同樣必須保護奴隸免於暴行、飢餓或難以忍受的不公，因此只要正當提出上訴，就不該被拒絕。

在過去共和國時期，一家之主只要認為合理，就會處罰奴隸，像是對待自己兒子一樣，甚至有權處死奴隸。如今這種掌握生殺大權的權力，已經轉移到執政官手中。現在的主人不可以對待奴隸過度殘忍或暴力，除非他們握有法律上的理由。事實上，根據偉大先皇安東尼・皮雅斯（Antoninus Pius）所詔告的一道法律，凡無適當理由殺死自己奴隸的人，如同殺死他人的奴隸，會受到嚴重處罰。因此，明確地說，責罰自己的奴隸完全合法，你可用棍棒毆打，皮鞭鞭打，或用鍊條鎖住，這是你的監管之權。即使奴隸因責罰而死，你也不會面臨任何刑事控訴。但是，如果你想要用棍子或石頭把奴隸活活打死，或以某種武器導致奴隸受到致命傷害，或用繩子吊死奴隸，把奴隸從高處丟下，毒殺奴隸，你就會被控謀殺。如果你以國家所不允許的方式殘害奴隸的身體，你也會受到控訴。這些方式指的是一些刑求工具，我將在下一章中詳細解釋。

有一種奴隸的不當行為必須特別提出來，就是逃跑。逃跑是奴隸常見的通病，令人煩擾；即使你盡力公平對待奴隸，尊重他們，給他們充足的食物、住房和衣物，除非必要才處罰他們，一旦你擔任主人之責，總有一天必須面對這個問題。你會發現，無論遇到戰爭還是任何不安局勢，這種不滿份子都會利用機會逃跑，以為人們因為分心而沒有注意到他們已經逃走了。

當然，你會很想要找回遺失的財物。我推薦你這個方法：提供懸賞找回逃跑的奴隸，並在市場張貼通告，上面寫明相關訊息，描述奴隸的特徵，使人們容易辨識。我用過的一個通告這樣寫著：「男奴赫爾蒙（Hermon）跑了，年約十五，身穿斗篷，繫著腰帶，走路的樣子大搖大擺，好像自己是什麼名人，說話聲音尖銳，嘰嘰喳喳。只要帶他回來，可得三百銀元，提供他躲藏神廟的訊息，可得一百銀元。請將消息告知總督的官員。」

你也可以找獵捕奴隸的職業獵人，不過收費頗高。如果你要找獵人，速度至關重要，他們會帶狗追查逃跑的奴隸，適合對付一時還跑不了多遠的奴隸。你也會想要尋求官兵的協助，關於這一部份我的觀察是，不妨運用你的人際網路，以確保官兵盡最大努力找回逃犯。如果你懷疑奴隸跑到其他地方躲藏，請寫信通知對方，告知對方你的敬意和祝福，表示雙方締結友誼的益處。要求他們查明你的代理人所提交的證據，找到這些奴隸，然後交出奴隸。

如果用盡方法都失敗，你可以求助於魔法，施加咒語在逃跑的奴隸身上，然而我並不完全推薦這種迷信，不妨把你的金錢和時間拿來作更好的運用，以彌補損失。

如果逃跑的奴隸被抓回來，我知道很多人希望嚴懲，但還是建議從寬處理。大多數的處理方式是把奴隸關起來，用力毆打他們，甚至切斷手腳。毫無疑問，這是伸張正義，但這麼作會有風險，被抓回來的奴隸會變得死心，從此不在乎命運，寧願自殺。

烙印逃跑奴隸的臉，是一種比較簡單的解決辦法，可防止奴隸再次脫逃，有效地使奴隸無所遁形。還有強制奴隸戴上鐵項圈，上面刻著「抓住我，因為我是逃犯」或「送我回去傅可斯家，可得一枚金幣獎勵」。只要把這些話用縮寫刻上，言簡意賅，大家都明白。

如果逃犯已經跑到神廟尋求庇護，你不得不進行法律正當程序，允許執政官或神父對此案進行調查，為你和奴隸下判決。如果判決你贏，你應該展現風度，帶回奴隸，並發誓你不會對他們懷恨在心。如果判決你輸，事情會如何？遵從先皇遺志並非恥辱，這個結論提供了一個保全面子的方式，對奴隸來說，他可以得到最想要的新主人，對你來說，則可以得到補償，換到新奴隸。總有奴隸不滿你為他們所做的一切，因此有辦法讓你回收資金，不必花錢在忘恩負義的奴隸身上，本就是一件好事。否則，如果奴隸再度脫逃，或是途中死亡，有些偏遠省份的官員抓到奴隸，還可能判處丟到野獸堆裡面的刑罰，這樣一來，你連成本都收不回來。

我一定要告訴你一個有關奴隸逃跑的故事，這個故事超乎尋常。我是從一個富有文學素養的朋友那兒聽到的，他在羅馬城親眼目睹了這件事。

某一天，大競技場（Circus Maximus）要演出各種猛獸的精彩打鬥，為了這場表演秀，數以百計的動物來到大競技場，這些猛獸可不是像羚羊和長頸鹿等沒什麼攻擊性的動物，而是又大又恐怖的野獸，不僅體型龐大，性情也非常兇猛。在這些猛獸之中，有一隻大獅子特別引起人們注目。這隻獅子不僅體型龐大，凶狠殘暴，吼叫聲深沈，令人不寒而慄，粗壯的脖子充滿力量，濃密的鬃毛披到背上。獅子已經幾天沒有餵食，只想要新鮮的血肉充飢。

此時，一群被判決拋入野獸群處死的囚犯陸續進入廣場。其中有一個奴隸叫作安德魯克里斯（Androcles），從前替執政官辦事。他被放入場中，同時大獅子也被放進來。觀眾舔了舔嘴唇，人人期待這隻大獅子會對這個手無寸鐵的人做些什麼。但發生了一件不可思議的事情，大獅子遠遠就看見奴隸，牠跑到奴隸面前停下來，卻沒有撲向奴隸，立刻將他生吞活剝。大獅子好像被雷打到一樣，牠慢慢地、靜靜地走近男子，彷彿認出了他。然後溫和地搖著尾巴，好像一隻想要主人拍撫的狗，獅子碰觸男子，輕輕地舔他的手腳，把男子嚇得半死。由於猛獸的憐愛呵護，安德魯克里斯慢慢平靜下來，恢復了精神，他終於能夠睜開眼睛看看獅子。一看之下，他猛然認出了獅子，臉上展現燦爛的笑容，給獅子一個大大的擁抱。

觀眾都驚呆了，眼前的景象如此令人難以解釋，人們開始大聲喊叫，想知道究竟發生了什麼事。於是皇帝召見安德魯克里斯，他被帶到皇帝面前，皇帝問他，為何兇猛的獅子會放過他。安德魯克里斯說出一個奇怪的故事，令人驚奇。

他說：「我的主人是阿非利加省的一個資深總督，但他很惡毒。我每天都要忍受他的不公平待遇，但由於我不想每天再遭受鞭刑，於是決定逃跑。為了想從這樣的一個大人物身邊逃走，我沒有往附近的綠洲平原跑，而是躲到沙漠裡。我的計劃是，假如找不到食物和水，我寧願自殺也不願意回去侍奉主人。有一天中午，太陽猛烈照射，我走進了一個偏僻的山洞，躲藏在裡面。不久，有隻獅子搖搖擺擺地也走進山洞。獅子的腳受了傷，一隻爪子血流如注，由於傷口疼痛，獅子不斷發出巨大的呻吟聲。」

「一開始看到獅子進來，我感到很害怕，原來我闖入了獅子的巢穴，我想我的命就要結束了。但是獅子看見我蜷縮在旁，就走到我面前，溫順、輕輕地向我抬起爪子，好像希望我的幫助。我看見有一塊碎片嵌入了牠的爪子，費了很大功夫才取出來，然後把膿血擠出來，擦乾血跡，保持傷口乾燥。做完以後，我不再覺得害怕。由於傷口處置完畢，獅子顯然大大鬆了一口氣。牠躺在地上，把爪子放在我手裡，沉沉睡去。我就這樣與獅子在同一個山洞裡足足住了三年，和獅子一起吃飯。獅子會把獵物挑出精肉帶回來，由於我沒有火，我就把肉放在太陽底下曬乾吃。」

「但後來我厭倦於野外生活，一天，等獅子出外打獵，我離開了。我走了三天，被一群士兵發現逮捕，把我從非洲運到羅馬，原來我的主人已經回來了，他馬上把我判處死刑，拋入野獸群。但顯然地，獅子也被抓到，被送到羅馬參加競技賽。獅子認出了我，報答我治療爪子的恩情。」

人們都很想知道安德魯克里斯究竟告訴皇帝什麼，於是皇帝命令使者把前因後果寫在舉牌上，到競技場繞一圈。人們知道了奴隸的故事，都要求釋放奴隸。皇帝接受了眾人的建議，還把獅子送給奴隸。後來有很長一段時間，安德魯克里斯和拴著一條細皮帶的獅子，經常一起走在羅馬街頭，喜歡他的人們會贈送金錢，也對獅子灑花，他們驚嘆道，「這是一隻與人為友的獅子，這是一個為獅子療傷的人。」

第五章評註

傅可斯的強硬面，在此章中又再度呈現。奴隸被羅馬主人處罰是正常的，是人們接受的常規。例如普勞圖斯（Plautus）在羅馬喜劇中，描繪典型的奴隸總是在躲避主人的鞭子，但這並不表示所有奴隸都受到嚴厲而粗暴的待遇。毫無疑問地，奴隸的差別待遇，很大程度取決於主人的態度。羅馬人會批評對待奴隸過於惡劣的主人，因此這種輿論壓力有助於抑制主人，使他們處罰奴隸時不至於太過分。

這種公眾的關注，最終透過皇帝立法，限制了主人對奴隸的過度處罰。家喻戶曉的波利奧故事，由於男奴打破了水晶杯，波利奧想把男奴丟入七鰓鰻的池塘中作為處罰，由於這個行動過於殘暴，不被眾人接受，因此事件的記錄鉅細靡遺。在這個故事中，皇帝奧古斯都的介入，顯示帝王勢力的干預，主要動機並非來自希望改善奴隸的生活條件，事實上由於皇帝與下屬的生活息息相關，因此必須以權力介入，設立大眾所接受的社會行為標準。

奴隸受制於主人心情的恣意擺佈。羅馬皇帝哈德良把奴隸的眼睛用筆戳下來，這個故事很特別，後世認為有記錄的價值，正是因為哈德良很少出現這種行為。雖然如此，哈德良依然會犯錯。然而，一個深思熟慮的皇帝都可以在心情不好的時候這樣無情，可見一般奴隸又會遭受多少來自於主人的嚴重傷害？對於羅馬讀者來說，後來皇帝詢問奴隸需要什麼作為補償，導致這個故事受到更多注目。羅馬人認為，皇帝雖然再三設法提供一些傷害補救給奴隸，但奴隸卻不領情，令人覺得不可思議。這個故事給後人留下的印象，是皇帝很後悔發脾氣，而不是奴隸受到主人發脾氣的後遺症，也就是說，故事的重點在主人，而不在奴隸的命運。

人們認為，奴隸因犯罪被判處到礦山服刑，或是被判到船艙的廚房工作，或是被判丟入競技場的獸群中，完全是命當如此。在我們想像中，羅馬人或許會為那些丟給獅子吃的男奴和女奴感到悲傷，但其實根本找不到證據來證明這一點。羅馬人似乎認為，這種處罰對於沒有價值的奴隸來說是家常便飯，證明他們連奴隸都做不好。

奴隸逃跑是主人經常必須面對的問題，由於奴隸逃跑會帶來資本損失，因此主人都會盡力避免。在《埃斯特安賽克斯神諭》（*Oracles of Astrampsychus*）其中有一個問題是主人想要得到的答案：「我是否會找到逃犯？」有十個可能的反應，暗示能夠找到逃犯，令主人感到很振奮。文中表示有60％的逃犯找不到，30％可以找到，10％需要時間。或許這就是為什麼有那麼多奴隸嘗試過逃跑，根據數字，成功逃走的機率很高。在羅馬帝國，主人追蹤逃犯的個人資源是有限的，由於沒有警察協助，因此奴隸只要設法從鄰近地區脫逃，就不會被認出來，能夠以自由人的身份重新展開生活，這是很可能也很合理的。

安德魯克里斯與獅子的故事，變形為後來的老伊索寓言。在這個羅馬版本中，有趣的是，奴隸逃跑的動機，來自於自己所遭受的殘暴和不公平待遇。雖然這很可能是一個虛構的故事（但作者聲稱得到目擊者的證明），也確實提供奴隸遭受恐怖待遇之後會如何願意冒著巨大的危險，犧牲個人的安全來達成自由生活的目的。請參見基斯・布萊德利的《羅馬奴隸制度與社會》（Keith Bradley, *Slavery and Society at Rome*, pp. 107-8）。

波利奧的故事請見狄奧・凱西烏斯（Dio Cassius 54.23.1）。波利奧的行動受到塞內加的批評，請見《談憤怒》（Seneca *On Anger* 3.40）。描述奴隸受到磨坊工作的處罰，來自阿普列烏斯的小說《金驢記》（Apuleius, *The Golden Ass* 9.12）。礦場環境惡劣，見狄奧多魯斯・希庫拉斯的著作（Diodorus Siculus 5.36-8）。史塔提莉亞的故事見於《查士丁尼法典》（Justinian Code 3.36.5）。主人因為處罰奴隸而受傷，請見蓋倫《心靈的疾病》（Galen *The Diseases of the Mind*

4）。富裕的主人想要靠關係找回逃跑的奴隸，請參見西馬可士《信件》（Symmachus *Letters* 9.140）。關於奴隸有權向神像或先皇雕像控訴，請見《法學階梯》（Institute 1.8.2）。

第六章

唯有酷刑奏效之時

在前面章節中，我所提過的處罰應該能使你維持一家的紀律和權威。然而有時你的奴隸可能會牽涉到法律，在這種情況下，奴隸必須出庭作證。根據法律規定，酷刑之下奴隸才會吐出證據。這麼做的原因是顯而易見的。奴隸慣於撒謊，唯有施于肉體疼痛才會說真話。但必要條件是，主人必須自願交出奴隸，讓奴隸接受酷刑。唯一的例外是，奴隸不能作不利於主人的證，除非是主人犯下叛國罪。

大體來說，奴隸幾乎都沒有道德價值可言，從他們面對恐懼的極端懦弱反應，可以呈現此一事實。當刑具放到他們面前，聽見他們嗚咽，驚恐地坦白一切，看見他們臉上的恐懼，真是令人可悲。當然，無論他們怎麼哀求都沒有用，因為唯有遭受酷刑，他們提供的證據才會被採納。否則，他們可能會狡猾地說出一些證詞，讓自己撇清。

從前有一個奴隸叫做皮米提（Primitivus），從他的例子可以明白法律規定如此審慎與人性化的原因。由於皮米提急著想擺脫主人，為此甚至不惜謊稱殺人再自首，還編謊言供出同夥。酷刑伺候之下，他才吐出真相，沒有謀殺，也沒有謀殺犯。如果沒有刑求逼供，奴隸會被處死，其他無辜的人會被判決到礦場服刑，奉公守法的主人也可能會被剝奪財產。

法院裡常見刑求奴隸的景象。我曾經聽過有人反對奴隸刑求。那件案子事關一位美麗女奴的共同擁有權，兩名男子由於共同經營事業失敗，打了一架，其中一個人受重傷。受害方把對方告上法院，被告拒絕刑求女奴，因為他聲稱愛上了她。受害方自然認為，女奴所處的位置最適合為此事件提供證據，她為兩人所共有，知道誰挑起打鬥，誰揮出第一拳。受害方還表示，被告方所有的奴隸完全被買斷，他們很高興接受審查，為主人說謊，指責原告的不是。很可惜，我不記得最後的判決結果。

標準的刑求方式有好幾種。首先，要把奴隸雙手捆綁，用繩子吊起來，拿皮鞭抽打。有些皮鞭上面鑲有尖銳的金屬爪或骨刺，能把人打得皮開肉綻。接著，奴隸要被綁在一個暱稱為「小馬」的木架上，或是另一種「排弦」刑具，這兩種刑具的設計原理，都是藉由重力慢慢拉扯，最後人會手腳斷裂或分屍。其他各種刑求方法，比如用兩條粗木棍把腿夾斷，還有炙刑，方法是把融化的瀝青或金屬倒在奴隸身上，或是用火把燒奴隸，最後是鐵鉤，上面有鋒利的鐵齒，刺穿奴隸的身體。這些程序統統都在法庭公開進行。

儘管這些方法看來血腥，但法庭審問的時候宣稱會小心避免奴隸死亡，不過實際上還是避免不了。我們要記住，這裡談的畢竟是奴隸，即使得到證據，我們也絕不可以完全相信他們，有些奴隸的證詞只是為了不要再受刑求折磨之苦，而不是吐露真相。因此查案的時候，只能把刑求當作最後手段，除非一件案子已經有了嫌疑犯，只差臨門一腳，而且用盡其他方式都無法得到任何證據。

我曾經提過，未經主人許可，不能刑求奴隸去得到有害奴隸主人的證據。不過我們的偉大先皇奧古斯都，為避免此一法律問題，已經洞燭先機。他下令，若在調查過程發生這種情況，待審的奴隸應該要強制出售給公庫或皇帝本人，使奴隸不再屬於原主，如此一來便可依照正常程序審問。當然，有些人認為這樣是在藐視法律，因此反對這種假交易，這並不令人驚訝。但其他人則認為，這種交易至關重要，否則許多反抗皇帝的陰謀就會受到這條法律的掩護，永無揭發的一日，對國家的安定持續造成威脅。

我要特別討論謀殺主人的案例。依照法律規定，若主人被謀殺，在同一屋簷下的奴隸如果袖手旁觀，不幫助主人逃離危險，那麼所有人都要送去問刑，然後處死。這條法律的道理顯而易見。首先最重要的是，如果一個家庭裡的奴隸沒有誓言就算犧牲也要保衛主人的性命，這個家永遠不可能安全，甚至有時候威脅正是來自家中其他成員。

顯然還有一些法律細節必須進一步說明。像是「同一屋簷下」是什麼意思？只要在房子四周的牆壁內就算，還是一定要在同一個房間？實際上這通常意指「聽得見謀殺案的距離」，因為除了要奴隸聽得見主人的呼救聲，也要距離夠近來得及趕過去援救。有些人的聲音當然會比別人響亮，有些人的聽力也比別人好，所以還是必須由法庭來裁決每件案件的合理狀況。再者，主人的最後遺囑，必須等到調查結束才可以公佈，問刑的奴隸可能由於成為遺囑受益人而獲得釋放，一旦奴隸獲得自由，他們就不必接受法律規定的刑求。

「謀殺案」在法律上是指人們的死亡是由於暴力或流血事件，例如從高空跌落，或是被鈍器等武器擊中。但如果主人被暗中下毒而死，則不適用這條法律。因為這條法律的目的，是為了確保奴隸會在主人最需要的時候提供援助。如果是暗中下毒的情形，既然不能期望奴隸知道內情，就無法要求奴隸事先防範（以這種情況來說，會有其他法律適用於報復毒死主人的嫌疑犯）。但是如果毒藥是以暴力逼迫主人服下，則適用於謀殺案。

如果主人自殺，那麼這條法律也不適用，而且同一屋簷下的奴隸也不應該被拷打或處死。但是，如果主人在動手之前被奴隸發現、看見，奴隸則必須阻止主人自殺，否則也會受到處罰。如果他們無力阻止，就會被無罪釋放。

哈德良先皇下旨，適用這條法律的範圍，是與被謀殺者在同一房間的奴隸。先皇還指出，如果奴隸由於害怕被殺而沒有挺身而出，將不能得到赦免，而且奴隸也必須表現出某些協助的行動，即使作不了任何事，也要大聲喊叫，讓別人聽見來幫忙。

不過，先皇退一步承認，如果命案發生當時，主人不在自己的莊園裡面，由於距離很遠，可能聽不見主人的求救呼聲，這種情形下，要把整座莊園的奴隸都抓來拷打處罰，是非常不公平的。先皇垂憐下旨，只有在主人被殺死當下一起隨身的奴隸，可視為嫌疑犯或是共謀，要接受刑求拷問。如果主人出門旅遊，事件發生時正好獨自一人，那麼並不適用這條法律。如果是童奴，無論是男童奴或尚未結婚的女童奴，基於他們年紀尚輕，都可以免於被拷問。

拷問奴隸所得到的證據，有可能被駁回，但原因不在於證據是折磨奴隸而得到的——凡有獲得真相的可能，就必須執行——證據被駁回的原因，可能在於奴隸在道德上是一文不值的。如果證據有害於自由公民，駁回自然理所當然。奴隸言行的信任度，絕對比不上自由公民。此外，奴隸肯定在生活中做過許多壞事，而自由公民卻會盡量發揮所長來服務家邦。

的確，過去有些主人為了逼迫奴隸說出所謂的真相，而刑求太過分。有一位叫做薩西亞（Sassia）的婦女曾試圖偽造證據，指控她的兒子克倫第烏斯（Cluentius）謀殺了繼父奧皮亞尼庫斯（Oppianicus）。為此她刑求三個奴隸，斯特拉圖，阿斯可拉，尼可斯差特斯（Strato, Ascla, Nicostratus），逼迫奴隸為她做偽證，但他們挺過了折磨。然而薩西亞不是一個願意接受拒絕的女人，她再次提出用刑，這次的方式更加殘酷，連證人都看不下去，到最後施刑者也受不了了。薩西亞非常憤怒，她要求施刑者繼續用刑，但證人之一抱怨說，他擔心拷問已經變質，與其說是為了尋求真相，不如說是為了讓奴隸說假話。另一個證人也同意，於是兩人一起離席。但薩西亞還是繼續刑求奴隸。最終，尼可斯差特斯死了，接著薩西亞把斯特拉圖的舌頭切斷，再把他釘死在十字架上，以免把罪責歸咎於她。

在從前的日子裡，為了尋求所謂的事實真相，薩西亞想要怎樣折磨奴隸都可以，但像她那樣的魄力，如今已經不再得到偉大皇帝們的許可，新的法規介入了主人和奴隸之尖的關係。正如我們所知，主人再也不能隨便殺死奴隸。奴隸有權向執政機關上訴，面對主人的虐待，也有求取庇護的權利。正如我在前面提過的，他們也可以向皇帝雕像尋求庇護。

最令人震驚的是，我們的一位皇帝甚至下令禁止濫用酷刑，不准為了保障主人權益而以刑求方式獲得奴隸的證詞。因此，每當圖密善（Domitian）皇帝想要填補國庫空虛，往自己的口袋裡裝錢，就會把目標對準某些超級有錢人，一旦他發現沒辦法循法律途徑確保起訴，就會以叛國罪求處高額罰金。然後他會刑求有錢人家裡的奴隸（由於犯罪程度嚴重，皇帝並不需要主人的許可），就主人謀逆帝國的陰謀，得到所謂的明確證據。事實上，他連刑求都懶得做，乾脆說動和賄賂奴隸，揭露主人的不法作為。皇帝的這種作法，正好顯示了他的品德其實比奴隸好不了多少。

第六章
評註

對於現代讀者來說，奴隸在訴訟程序受到刑求，是一種令人震驚的虐待。但是，羅馬人卻覺得這樣的待遇完全正常。因為奴隸地位和道德低賤，不必仰仗他們會說實話。刑求只是一種單純獲得真相的方法，不但合情合理，又能維持正義。奴隸的實際法律權利非常低落，因此他們會遭受到最粗暴的待遇。事實上，正由於奴隸缺乏社會地位，因此人們認為必須粗暴對待奴隸，以確保他們行為恰當，會說實話。

羅馬人並不了解，刑求而得的證據，必須謹慎處理。大量的案例證明奴隸會為了停止疼痛而說謊。不過這些案例在羅馬人眼裡並不重要，不會減損整體效益。

此外，羅馬人也並未因此而減輕刑求的程度。一旦某個罪行成立，又沒有其他方法可以獲得足夠的證據，在罪案調查的後期階段就會採取刑求手段。

對於謀殺主人的奴隸案件，羅馬法律特別嚴苛，會把所有在場奴隸都殺死，但也因此產生了令人矚目的法律問題。然而，這種方法的確會使家裡的奴隸會特別注意其他同在一屋簷下的奴隸，是否正在策動某種陰謀。也確保主人在遭受攻擊時，奴隸更有可能會去援救主人。

在現有留存的羅馬史料中，主人被謀殺的例子實際上非常罕見，因此難以了解究竟應該如何解讀，可能反應主僕關係並沒有如我們想像的那麼衝突。或者，也許它只是反映了事實，殘酷的法律成功地震懾了奴隸族群，使他們勇於維護主人的安危。或者，可能我們的文獻資料只記錄了幾個著名案例，而在現實中謀殺主人很常見，尤其是在非高級統治族群中。

奴隸主人曾經可以任意處置奴隸，也可以折磨奴隸。薩西亞的故事顯示了一些極端案例，這個事件因為太獨特而被記錄下來。有許多皇帝限制了主人的權利，因此主人必須為他們自己的行為提出辯護。同時皇帝也給予奴隸揭發虐待的上訴法定抵抗權。與其他帝國與奴隸有關的法律相比，這條法律或許不應當被解釋為皇帝希望改善奴隸族群的生活條件，但由於皇帝愈來愈介入一般人各層面的生活，因此人們會根據皇帝的作為，來調整對奴隸的待遇。

關於奴隸的刑求法律，可見於《學說匯纂》（*Digest* 48.18）。其中關於主人被謀殺時應處死哪一個奴隸，技術性的法律討論亦可見於《學說匯纂》（*Digest* 29.5）。關於限制主人處死奴隸，可見於《學說匯纂》（*Digest* 18.1. 42）以及《狄奧多西法典》（*Theodosian Code* 9.12.1）。對於奧古斯都迴避以刑求奴隸來指證主人，可見於迪奧卡西烏斯（Dio Cassius 55.5）。關於刑求奴隸以控訴主人叛國罪，可見於《狄奧多西法典》（*Theodosian Code* 9.6）。由於愛情，想要使共同擁有的奴隸免於刑求，來自呂西亞（Lysias 4）。薩西亞的故事來自西塞羅的演說《為克倫休斯辯護》（*In Defence of Cluentius*）。

第七章 娛樂與競技

奴隸的命運就是工作。為了使主人歡喜，一生辛勞。奴隸時時都要警醒，注意主人、主人家人和代表人的需要。但奴隸並不是無時無刻勞動流汗，有的時候還是要有休閒娛樂，作一些無腦的活動，這樣才正確。唯有如此審慎，才能確保奴隸的精神，以擔負重責大任。滿足的奴隸，就是有效率的奴隸。相反地，陷入痛苦的奴隸，在生活沒有目標，總想要把分擔的工作責任推卸掉，或一直發牢騷。而農神節是奴隸發洩不滿的最佳時機。

農神節可以追溯到遠古時代，但當時是慶祝農神土星統治世界的平等黃金時代，人類不分階級、地位，沒人聽過奴隸制度，甚至私有財產權是什麼都不知道，每個人都是一樣的。

農神節開始於十二月十七日，持續數天。在古代，一日的慶祝已然足夠，但到了現在，在我們這個休閒而軟性的時代，則得到更大的官方許可。這是一段充滿興奮的時間，整座羅馬城陷入狂熱。農神廟會舉辦公開盛宴，人們四處高喊「Io Saturnalia」，意思是「向農神致敬」。人們得意忘形，四處狂歡，甚至敢在馬路和市場上歡唱輕浮和猥褻的歌曲，如果在平常這麼做，有錢人會認為這是恥辱和嘲笑，而窮人則認為是瘋狂。

放蕩不羈的宴會，放肆地跳舞。農神節反映了一個事實，這是一個富足的時代，精英統治階級每天都大吃大喝，過著農神節。這不僅僅是一個節日，這個節日使得整個世界都顛倒了。所有被視為良好的行為，都變成相反的，是褻瀆、粗俗、骯髒、迷醉。劇場和競技場中上演著驚奇的表演，馬路上有選美比賽，市場裡也有滑稽脫口秀。廣場上到處都是江湖巡迴藝人、雜耍人和耍蛇人，到處人滿為患。人們隨意大肆談論城裡各個官員的笑話。群眾嘲笑神也嘲笑一切事物，甚至嘲笑皇帝，對著雕像咒罵、取笑他。

人們炫耀著專為節日製作的衣裳，鮮豔的輕便短袍（tonic），而不是層層包裹的公民袍（toga）。奴隸也會戴起自由公民的氈帽，象徵特殊許可和階級結構的廢除。皇帝也一樣。平常只有同階級可以交換禮物，這時不分彼此，大家都一起交換禮物。賭博也是允許的，即使是一個膽小的家奴，自小被大戶人家養大，也敢當著市政官的面，把骰子拋在他前面。不但奴隸不能受到處罰，甚至也不必理會主人。事實上，你在農神節要做的事，就是在桌子一旁等待。家家戶戶都分配額外的酒，男人打扮成女人。晚宴上，奴隸會選一個人當作假國王，假國王戴著王冠和袍子，下令每個人做蠢事，例如：「像騎馬一樣，騎在公雞上」或「每個人喝三指高的酒」。

要不要參加活動自己決定。我有個朋友很掃興，每當慶祝活動如火如荼進行的時候，他總把自己關進安靜的房間，把家家戶戶的喧鬧聲都阻擋在外。他說，他喜歡這樣在農神節靜靜坐著，而慶祝節慶的人在餐廳裡歡笑著，整座房子也跟著一起喧鬧。他說，這樣最好，他不會干擾大家的歡樂，況且他也不覺得自己受到委屈。最重要的是，他說，這表示自己的學習研究不會被別人分散注意力。

真是討厭！我覺得此時此刻拋開一切，讓自己沈浸在節慶的歡樂精神中，這個作法要好得多了！這樣做你會發現，原來奴隸會對你產生這麼大的好感。怎麼做呢？喝得酩酊大醉，大吼大叫，玩骰子賭博，脫光光唱歌，鼓掌，搖晃肚子，我有時甚至還會塗得滿臉煤灰，被第一個推去浸冷水。全家的奴隸都很開心。

這根本就是瘋了，變成一個所有社會正常結構統統反轉的世界：無論男與女，主與僕，或是任何你認為是對立的，統統打破，使奴隸可以創造想要的生活形象。這也是一個典雅型態之美被怪誕所取代的世界：所有事物都被拉到最低水準，人們一邊吃晚餐，一邊大聲放屁，說髒話，甚至還互相比粗魯的手勢，完全不尊重任何人，隨便扔東西。所以你要確定只使用最便宜的陶器。有些地方甚至會虐待動物取樂。

人們隨處性愛，你聽見也不會覺得驚訝。我並不懷疑農神節象徵著生育和富足，但如今這個節日卻成為青少年過度沉迷猥褻行為的時刻。在外面的馬路上，到處都是喧囂的遊行隊伍，市場裡充滿了不懷好意看著女人的男人，還向女人提出不可啟齒的建議。

當夜幕降臨，沒有人想睡。平民百姓繼續唱歌，一起狂野地跳舞，彼此嘲諷說笑。即使在繁華的商業區，人們也任意亂闖，猛敲大門，大吼大叫，說髒話，嘲笑每個人，沒人有辦法睡覺。有些人對這些行為和語言感到很憤怒，但也有些人認為你應該和他們一起開懷大笑。儘管有人對此有所微詞，不過也不至於到想要禁止過農神節的程度，因為農神節四處充滿滑稽，即使是最有自制力的人也會忍不住放聲大笑。

每個參與的人都活力充沛，他們很高興可以取笑一些平常必須尊重的人。你有時甚至會看到一些在遊行隊伍裡的人，穿著打扮就像神明或半獸人一樣。他們一邊走，一邊擺出特別又誇張的手勢，好像在模仿和嘲弄某些知名人士裝腔作勢的行為舉止。我看過狂歡隊伍裡面有人模仿怪物，有人穿著獸皮。還有一些奇怪的變態，例如有兩個乳房的牛、侏儒，都一起加入遊行表演。由於有時候隊伍裡面會出現一些令人反感的事物，甚至令人震驚，因此有些主人就禁止家裡的奴隸來參加遊行，但我認為那樣也太過分。

的確，農神節的精神偶爾會滲透到現實世界中，造成抗議和叛亂。但也許厄運本來就難以避免，事情有時就是會失控。因為我們想想，相對於政府所控制的世界，農神的世界是完全不同的。農神只有很短暫的統治時間，而且在節慶的最後，農神會在一場戲謔的宗教儀式中被殺死，終結所謂的平等精神。

有些人認為，農神節會威脅政府和社會的穩定，賦予復仇和未來正義的希望，因此產生爭論。我認為農神節只是好玩，給人們有機會釋放壓力，實際上並不會真正改變什麼。

事實上，奴隸服侍我們一整年，每天我們都在要求他們表現應有的下人行為。到了農神節，有眼色的奴隸並不會利用這段許可時間，把他們對當權者的投訴說出來。有一次過節，有個瘋子一把抓住凱撒的王冠，戴在自己頭上，結果引起公憤被處死。因此農神節暫時的造次和僭越，紓解人們的壓力，反而可以強化社會階級。你可以看見，農神節的存在使公民與公民之間的爭執得到和解，因此經常可使家族世仇平息，使日常生活中累積的壓力得到釋放，結果使社會運作更良好，因此，藉由農神節我們可以看見，如果沒有正常規範，這個世界將會多麼可笑混亂。

如果你不是這樣相信規範，表示你過度樂觀，簡直離譜。這就好比說，「由於男人偶爾在節慶時期打扮成女人，所以恢復平時生活以後，女人就會被養育成為一家之主」。不可能。農神節教導我們所有人，尤其是奴隸，想要改變現有階級秩序是多麼愚蠢，結果只是一團混亂。

更重要的是，農神節結束後第二天，節慶精神便蕩然無存，不被允許延續下去，因此早上醒來我建議你就要開始不苟言笑，也不妨抓住這個機會，抓一個還沒有回神的奴隸殺雞儆猴，就選那個利用節日自由太超過，冒犯了你的奴隸吧。

一旦恢復正常，我相信在必要範圍內，你必須維持權威和尊嚴，但還是可以儘量友善對待奴隸。與自家莊園奴隸談話時，我傾向於保持一些熟稔度，不過前提是奴隸也要規矩。經我多年觀察，他們的無盡辛勞，會由於主人的友善而驅散。偶爾我甚至會與他們分享一個笑話，在極少數情況下，我還會讓他們開開玩笑。然而對待城裡的奴隸我則建議不可以如此做，畢竟他們的生活比莊園奴隸要輕鬆太多，而且還會得寸進尺，搞得你日常生活不便，結果只會造成奴隸藐視主人，喪失了主人的權威。

然而唯有一個例外，就是從小照顧我長大的家庭教師，他年紀一大把，想必有七十歲了，但驚人的是身體依然硬朗。我從小就在他的教導下長大，儘管我是自由人，他是我的奴隸，但面對他，我還是無法板起一張臉。他總是能記起一些我在孩提時期所有的可愛習慣，或是我如何冒著被籐條打的風險想辦法蹺課。

這讓我想起了全世界最偉大的征服者——亞歷山大大帝，曾經有一個奴隸說出亞歷山大大帝孩提時期的故事。亞歷山大把一大堆昂貴的焚香堆在祭壇前面，他的家庭教師李奧尼德（Leonides）說，如果要繼續用這種奢侈的方式來敬神，想必日後他必須征服生產乳香的民族。果然後來亞歷山大打贏了阿拉比亞（Arabia），他就把一艘滿載著乳香的船，送給李奧尼德，吩咐他務必要使香煙繚繞，不可停止敬神。

關於奴隸的「鬆懈」，一旦他們返回正常崗位，我會讓他們吃完晚飯可以休息兩小時，但是葡萄酒量則酌減，以免吵鬧。

我建議你不要讓奴隸加入一些低級的俱樂部，表面上看起來，這些俱樂部是喪葬互助會，提供會員葬禮的資金補助，目的是和平的，但是你要記住，像這種團體在許多城鎮都造成極大的紛擾。不管這些俱樂部叫什麼名字，或是成立的目的是什麼，結果都會形成政治集會，無論他們聚會的時間長短，都可能被利用來製造動亂。

而且，無論在任何情況下，你都不應該允許你城裡的奴隸養成到市中心溜達閒逛的習慣。我在前面說過，所以你懂，這樣的奴隸會變得愈來愈懶惰，整天腦袋放空，聚集在戰神廣場（Campus Martius）、馬克西穆斯競技場、劇場附近，在酒吧和客棧裡面賭博，浪費時間，或是沈溺在妓院裡面。就算日後你設法強迫他們恢復原有生活習慣，他們也不能停止那些愚蠢行為。

第七章
評註

古羅馬時代的奴隸制度有眾多層面，奴隸的現實生活視用途會有很大差異。與鄉下要下田的奴隸比較起來，生活在城市的家奴，很少有要求高體力的工作。但城市奴隸比較會有更多機會休閒娛樂，因為城市比鄉下能提供更多種類的休閒活動。

鄉下莊園的家奴成群活動，受到嚴密監控，但城市家奴則否，因此城市家奴往往可以逮到機會偷懶，不過事實上這是不允許的。

從事農業的奴隸最需要休息，但他們有沒有能耐享受休息，則取決於他們主人的態度。有些主人，特別是在打了勝仗之後，由於奴隸人數爆發，他們會傾向於把奴隸操到死，因為這時奴隸不值錢，變成消耗品。但這些並不是羅馬時代社會的常態，對主人來說，大多時候奴隸代表很重要的一部份經濟投資。由於奴隸是具有價值的資產，因此主人很可能會試圖確保奴隸得到充分休息，讓他們可以恢復體力，為了第二天的勞動而準備。

一年一度的農神節慶祝大會，顯然賦予許多奴隸一段時期的自由，這對他們非常重要。其中家奴可能受益最大，由於他們與主人家人的直接關係，表示他們將在這段時期接受一整年的實質獎勵。

很多關於農神節的古老文獻顯示這個節日非常熱鬧，類似於巴西狂歡節慶祝活動，不過實際上是不是像巴西狂歡節那樣喧鬧還很難說。

古羅馬作家普林尼描述他通常都會在這個時候躲到辦公室裡面，逃避喧鬧的慶祝晚會，也確保自己不會煞風景，這種方式很可能是大門大戶人家共同的經驗。如果有主人在場，相信很多奴隸都會壓抑不敢說出真心話，由於這個節日的角色轉換，要讓主人來侍候他們吃喝，奴隸也會覺得很不舒服。但畢竟普林尼的例子比較特殊，我們不知道這究竟是一般狀況還是特例。普林尼很有錢，也是一個學者，極度躲避一般人所喜歡的娛樂。羅馬在許多方面是一個相當不開化的前工業社會，慶祝的時候就會用力慶祝。至於農場的奴隸，我們可以想像，最好的待遇大概就是得到一些加給的口糧和足夠的酒。

無論農神節現場狀況如何，事後總是會恢復原狀。然而難免會有一些慶祝活動失控的案例，導致下流階級的不滿，進而產生動亂。可見奴隸並沒有試圖利用法規的短暫放鬆時期，以任何更有力的方式來推進他們的信念。

關於農神的記錄簡介如下。可見於馬夏爾《格言》（Martial *Epigrams* 14.1），塞內加《信件》（*Letters* 18），琉善《農神節》（Lucian *Saturnalia*），奧古斯丁《講道詞》（Augustine *Sermon* 198.1），塔西陀《編年紀》（Tacitus *Annals* 13.15），愛比克泰德《語錄》（Epictitetus *Discourses* 1.25.8），利巴紐《演講篇》

（Libanius *Oration* 9.5-6）。關於煞風景的普林尼，被迫把自己關進安靜的房間，逃離家中喧囂的宴會，請見他的《信件》（*Letters* 2.17.24）。關於農神節與下流階級的休閒娛樂，可見於我另一著作《古羅馬日常文化》（*Popular Culture in Ancient Rome*）第三章〈世界顛倒〉（The World Turned Bottom up）。

第八章 斯巴達克斯！牢記

「你有多少奴隸，就有多少敵人。」儘管製造敵人的就是我們自己，但身為奴隸主人，你必須銘記這句古老的諺語。因為無論你的奴隸看起來如何忠誠，如何值得信賴，只要一有機會，他們就會爭取自由。如果你給他們這樣的機會，你可能會發現，他們不會猶豫。而你將攔不住他們。

由於奴隸的數量在我們社會中如此龐大，就像是一個未爆的火山，有一天會像維蘇威火山一般爆發，破壞我們偉大的羅馬文明。每個奴隸的生活條件並不都是公平的，他們將心中累積的挫折和侮辱，都歸咎到我們身上。因此，你不應該對奴隸會反抗你的權力而感到驚訝。有些反抗強烈而危險，有些則只是令人困擾。讓我為你概述其中的一些風險，以防萬一。

上天寬厚，奴隸暴動很少有，然而一旦發生，程度總是令人震驚。

經過第二次迦太基之戰，長年征戰已經使得羅馬疲憊不堪，這時隨即發生第一次奴隸叛變。不僅如此，結果還導致我們從義大利和西西里獲得的大量奴隸，沒有辦法賣到大戶人家。也許，這些奴隸最危險的是他們具有相同的種族背景，因此能夠輕易進行交流、煽動和共謀。即便如此，如果他們只是一群烏合之眾，群龍無首，就不需要太擔心。只可惜裡面也有軍官，因此一旦得到機會，他們就會起來反抗。

西西里奴隸造成的內戰，規模如此龐大，絕無僅有。城市受到破壞，無數男人戰死，女人和孩童遭受痛苦折磨，整座島幾乎都被奴隸所佔領。這些粗野的奴隸所到之處都變成廢墟，他們特別瞄準自由人，就像是要報復敵人對自己的奴役。

大部分居民都震驚於叛亂的發生，但從背景我們可以了解，這個事件發生其來有自。西西里是個繁華的島嶼，豐富的收穫使人民受益。隨著人民變得愈來愈富有，傲慢也隨著滋生。豪奢的風氣蔓延，導致奴隸的待遇愈來愈糟糕，虐待又使得奴隸對主人愈來愈憤怒。這個時候，大地主買下整批奴隸到莊園上工作。這些奴隸有人被綁上腳鐐，日夜被勞動折磨摧殘。所有人的額頭上都烙印了屈辱的標記。

聽到西西里湧入了數量龐大的奴隸，聽到的人都覺得不相信，認為太誇大。地主的氣焰日益囂張，他們甚至不給牧民糧食，告訴他們要吃就去別人那裡偷。由於糧食不足，牧民只好被迫挺身走險，打家掠舍，類似的犯罪行為漸漸在整座島嶼散播起來。

起初，牧民襲擊的對象僅是偏遠地區落單的旅人，後來集結成眾，半夜偷襲別人的農場，把所有財產掠奪一空，抵抗的人都被殺死。漸漸地，他們膽子愈來愈大。西西里成為旅行不安全的地方，甚至出了城就很危險，到處充斥著暴力、搶劫和殺人。

這些牧民習於住在郊外，他們隨身攜帶武器，變得愈來愈像一群士兵。由於大量喝牛奶，大量吃肉，大家都知道，這的飲食會造成一個人的身心變成獸性。

因此整座島嶼最後被一群群武裝的奴隸游擊隊所佔據。羅馬總督想要控制這群奴隸，但他們畢竟還是屬於地主所有，因此政府不敢動手，只好故意忽略全省受到掠奪的事實。

牧民奴隸四處劫掠的同時，耕種土地的奴隸也因為辛苦工作，加上經常遭受侮辱和毆打，終於受不了。他們一有機會就在一起聚會，討論怎樣造反，裡面幾個舊軍官則制定詳細的計劃。這場造反中，帶頭的領導人和奴隸是不同種族的人，他來自陌生的敘利亞阿帕米亞（Apamea），是個著名的巫師，可以展現最令人驚奇的巫術。他假裝自己睡覺的時候聽得到神明說話，可以預測未來。由於他的舉止天衣無縫，很多人上當。他在清醒的時候，甚至還假裝可以看見神明，聽見神明指示未來會發生的事。

他很幸運，捏造的許多預言都碰巧實現了，因而聲名遠播，很快地，整座島都對他評價很高。由於他太投入自己所創造的角色，最後，他假裝神明附體的時候，會從嘴裡噴出火焰，並發出聲音指引未來。其實噴火只是一種戲法，他把一些火種和燃油裝在鑽了小洞的核桃裡面，然後趁別人沒看見，迅速丟入嘴裡，這樣一來，說話時嘴巴就會冒出火花和火焰。

叛亂前夕，他宣稱自己看見了敘利亞女神，女神表示他將會成為一個王。等到叛亂告一段落，大功告成，他的預言成真，成為了數以萬計奴隸的領導人，這個由仇恨邪惡主人所集結的團體，一心想要做的就是復仇。

但是，與斯巴達克斯（Spartacus）相比，這第一次的奴隸叛變只能說是小巫見大巫。這些叛徒並不想要建立自己的王國，只是想回到自己遙遠家鄉的北方部落，因此只是盡可能到處搶劫。但正如在西西里的叛變之火，斯巴達克斯的叛變同樣是由於奴隸主人無禮暴行的星星之火所引燃。

斯巴達克斯的叛變，始於加普亞（Capua），那兒有個邪惡的奴隸主人名叫藍圖列斯・巴提安特斯（Lentulus Batiatus），他有很多奴隸都是賽爾特人（Celts）和色雷斯人（Thracians），雖然沒有犯錯，他卻強迫奴隸成為角鬥士（編註：在競技場進行殊死搏鬥，以娛樂大眾，通常為戰俘或犯罪的奴隸）。

因此，其中有兩百個奴隸決定逃跑，但因為有人告密，守備變得更加森嚴，最後他們從廚房拿斧頭和叉子，好不容易從囚禁的軍營裡脫身，人數也只剩下七十八個。不久，他們在路上遇見一台車，剛好要載運角鬥士盔甲和武器到另一個城市，於是他們就把裝備搶過來，武裝自己。

斯巴達克斯成為他們的領袖。他來自一個色雷斯游牧部族，勇敢又強壯，聰明又和善，令人不敢相信樣的人也是一個奴隸，很容易會誤認他為希臘人。原來當他一開始被帶到羅馬出售的時候，有一天晚上他在睡覺，不知道哪裡跑來一條蛇，竟然纏坐在他的臉上，他的妻子是預言家，來自同一個種族，她看見了蛇，說蛇代表有一天斯巴達克斯將會得到巨大的力量和成功。後來他帶領奴隸出走，到達維蘇威火山，盤據在那裡，形成游擊隊。由於他公平分配掠奪來的物品，獲得奴隸的肯定，名聲傳播出去，吸引了不少鄰近地區的奴隸新成員。

他們的第一次戰鬥是與加普亞派來的一些士兵作戰，贏得很輕鬆，也奪得武器。他們旅經鄉下的時候，有愈來愈多的奴隸看到有機會重回自由，回到自己的家鄉，紛紛加入他們。

由於人手增長迅速，使羅馬派遣裁判官克洛狄烏斯（Clodius）帶著三千軍隊出來攻打他們。克洛狄烏斯追上去，把他們圍在山上。通往山頂只有一條小路，被克洛狄烏斯守住，旁邊只有懸崖峭壁，毫無立足之地。但奴隸利用山壁上的野生葡萄藤，做成梯子爬下陡峭的懸崖。

後來，這些逃犯日益壯大，力量足以包圍羅馬軍隊，羅馬軍隊完全不知道發生了什麼事，他們的攻擊使羅馬軍隊渙散，士兵們很恐慌，紛紛逃走。

羅馬派出的第二任將軍是瓦利納斯（Publius Varinus），雙方首度交戰的時候，斯巴達克斯擊敗了他的右將博列烏斯（Furius）以及兩千名士兵。接著又擊敗了左將克辛努斯（Cossinus），造成軍隊重大傷亡，也因此奪得更多軍備。最後主將瓦利納斯只好親自帶兵迎戰斯巴達克斯，但兩軍相接數次，都無法打敗他。斯巴達克斯每奪得一次勝利，都會燒毀所有不需要的裝備，並把所有俘虜都殺死，牲畜也殺光，這樣他的軍隊就不會受到任何事物的牽絆。

但正如我前面說過，斯巴達克斯是個聰明人，就算如今他的軍隊已經增長到七萬人，他也從不認為他能打敗羅馬勢力。他深知對抗羅馬的下場，就是失敗和死亡，而唯一的希望則是從羅馬境內逃出去。於是，他率軍向北，計畫穿越阿爾卑斯山，讓所有人——無論是色雷斯、高盧或日耳曼——都可以回家。

但是，他的部隊被太多的勝利沖昏了頭，沈溺於戰利品。隨著反抗軍日益壯大，他們的囂張氣焰和自信也不斷增生，甚至認為自己已立於不敗之地。因此，他們拒絕聽從領導人斯巴達克斯的命令，開始在義大利到處造成極大的破壞。

元老院已經不再關心叛變的屈辱，他們現在更擔心的是恐慌，於是派遣兩位執政官，專門用來應付這場艱困的戰爭。其中一位執政官格利烏斯（Gellius），他攻擊斯巴達克斯的日耳曼派系軍隊，由於這支軍隊貪婪掠奪成性，他們很快就被全面殲滅。另一個執政官連圖盧斯（Lentulus），帶著大批軍隊包圍了斯巴達克斯，但斯巴達克斯再次成功地贏得戰鬥。接下來，山南高盧（Cisalpine Gaul）總督卡修斯（Cassius）帶著一萬人，擋在向北方阿爾卑斯山前進的斯巴達克斯面前，又是一場偉大的戰爭，也使得羅馬軍隊再度被擊敗。

元老院變得愈來愈憤怒。起初羅馬人對這戰爭一笑置之，看不起他們的對手——角鬥士和奴隸，但如今三年過去，這些奴隸組成的軍隊造成了很大的損害。元老院召回所有執政官，任命羅馬首富克拉蘇（Crassus）掌握戰爭的指揮權。他派任副手馬繆斯（Mummius）帶著兩個軍隊在遠處跟蹤斯巴達克斯，嚴格下令禁止兩軍短兵相接。但馬繆斯過於傲慢，他認為自己所面對的只是一群奴隸，結果他也遭受其他羅馬軍隊所受到的屈辱，被斯巴達克斯打敗。由於人員傷亡重，許多士兵為了自保，只能拋下武器逃走。

後來，克拉蘇重整這些部隊，他命令士兵對天發誓，絕不可再次失去武器，為了擊敗斯巴達克斯的反抗，這是他們唯一的依靠。為了恢復紀律，克拉蘇重新採用古老刑罰「十一抽殺律」，宣布最早逃走的五百個羅馬士兵，由於展現出極大的懦弱，必須分成五十組，每組十個人，以抽籤方式選出一個人，要被其他九個人亂棒打死。因此，士兵現在知道，克拉蘇比敵人更可怕，必須奮力殺敵。

克拉蘇使士兵的腰桿挺直了，接著就迎戰斯巴達克斯。斯巴達克斯退軍想要回到西西里，他有信心能夠得到那裡奴隸的盛大支持。然而斯巴達克斯還沒來得及上船，就受困在義大利南端。克拉蘇切斷了他的退路，他的軍隊建起一座高牆，阻礙斯巴達克斯逃走，同時也阻斷了他的補給。建築任務艱鉅，但在相當短的時間內，軍隊建起一座三百賽馬場（譯註：strade 是羅馬的長度單位，指一個賽馬場長，約為一九二公尺）長度的溝渠，橫跨義大利南端，寬度和深度都是十五英尺（譯註：一英呎約三十公分），這座高牆就座落於溝渠後面。

起初斯巴達克斯並不在意這座牆。但是他的軍糧漸漸耗盡，也無法補充軍備，奴隸變得躁動不安，他發覺自己不得不作戰。於是，他等到冬天的一場暴風雪，他帶著三分之一的軍隊，晚上偷偷往溝渠裡填補樹枝和泥土，設法逃走。而為了激勵奴隸，斯巴達克斯先在兩軍對峙之間的地上，插了一個十字架，把一個羅馬俘虜釘死在上面，告訴奴隸如果戰敗會發生什麼事。

克拉蘇決定先攻擊沒有人帶領的奴隸部隊，他派出六千名士兵上陣，在這場可怕的戰役中，有一萬兩千名奴隸被殺死。從戰死的人身上可以發現這場戰役異常艱辛，幾乎所有奴隸都是面朝羅馬軍被殺死，只有絕無僅有的兩個奴隸傷口是在背上。我們從這裡可以看見，奴隸對主人的仇恨是如此之深，他們寧願戰到最後一刻也不逃走。

然而斯巴達克斯接下來再度打敗了克拉蘇的一支軍隊。但是，由於奴隸過度誇大了這場勝利，反而證明了斯巴達克斯的末日即將到來。奴隸變得拒絕服從命令，他們只想痛擊羅馬人，放棄了想要從義大利逃走的想法。他們強迫斯巴達克斯派軍迎擊克拉蘇。斯巴達克斯的手下也開始主動攻擊羅馬陣營，零星的戰事愈來愈多，戰爭一觸即發。

斯巴達克斯知道自己沒有選擇，只能帶著所有部隊投入大戰。他自己在激戰中殺出一條血路，往克拉蘇逼近，但終究無法得逞。最後，跟隨他的人轉身逃走，他獨自抵抗眾多羅馬士兵的圍攻，最後被殺死。其餘的軍隊也一一被攻破，血流成河，屍體堆積如山，無法統計確實數字。而斯巴達克斯的屍體也沒有被找到。

後來經過各種掃蕩行動，約捕獲了剩餘的六千個奴隸，其餘的都已被殺。羅馬人把六千個俘虜一一釘在十字架上處死，立在路上，從加普亞一直延伸到羅馬。克拉蘇並沒有贏得勝利，因為他所擊敗的是奴隸，毫無榮譽可言，反而有損他的名譽。

值得慶幸的是，對於這些早期叛變，我們加以絕對的鎮壓，代表接下來數十年將不會有死灰復燃的現象。然而，偶爾仍有小型抗爭。這些大部分都是由一個具有號召力的人物運作，鼓動奴隸，欺騙大家跟隨他。另一種則是一群失控的牧民，他們開始襲擊當地城鎮和農場。但不論原因為何，對於我等奴隸主人都會產生軒然大波，我們到了晚上變得不容易入睡，擔心可能會遭受攻擊。

在奧古斯都時期，有一個類似的叛變就發生在義大利。一個叫提圖斯（Titus Curtisius）的人，曾在禁衛軍服役，他到偏遠的牧牛人地區，煽動奴隸討回他們的自由。首先，提圖斯在布林迪西（Brundisium）等鄰近鄉鎮召開秘密會議，接著，他公開散發傳單給牧牛人。但是，當時羅馬海軍有三艘船艦恰好停泊在附近的港口，同時負責監控牛隻的財務官也剛好在城裡。於是財務官很快地組織船員對抗，在威脅還沒有成形以前，迅速撲滅了暴動。

後來，雖然一切很快塵埃落定，並無產生重大傷亡，但羅馬皇帝還是派遣部隊把禍首帶回羅馬進行懲處。這是因為羅馬已經處在恐怖狀態中：國內的奴隸數量變得愈來愈多，而自由人口卻不斷萎縮，使人們很緊張，害怕無力抵抗奴隸的叛變。

還有一次是在塞維魯時期（Septimius Severus），義大利受到一個叫作布拉・費利克斯（Bulla Felix）暴徒的威脅。究竟他是否為奴隸，並不確定。但是他聚集了大約六百人，兩年來在羅馬皇帝和軍隊的眼皮底下，於義大利到處大肆掠奪。羅馬派出許多軍隊想要逮捕他，卻從來沒有人真正抓到他，由於他聰明又懂得花錢買通官吏，因此就算發現也找不到他，抓到他也能溜走。只要有人從羅馬出發想要逮捕他，或是到達布林迪西的港口，他就會得到通知，關於敵人是誰，人數有多少，帶來多少財物等等，都在他掌握中。布拉只取走他們的部分財物，然後立即讓他們回去。他只會拘留工匠一段時間，以便利用工匠的技能，但放走他們的時候，布拉還會餽贈財物作為工作獎勵。

有一次，布拉的兩個部下被逮捕，判決要丟給野獸吃，他就去拜訪監獄主管，假裝自己是同鄉的總督。他聲稱，他需要一些判處死刑的人，幫他做一些可怕的工作，因此獄卒就把這兩個人交給布拉。還有一次，他假裝自己是別人，跑到百夫長率領的獵捕小組告訴百夫長，他已經跟蹤布拉很久，要告訴百夫長布拉的藏身之處。百夫長相信了他，所以布拉就帶領他們來到一個雜草叢生的偏僻山谷，布拉的人出來把百夫長抓住。後來，布拉打扮得像個縣官，傳喚百夫長，並下令把百夫長剃光頭。布拉對他說，「把這句話帶給你的主子：『把你的奴隸餵飽，就不會有人當盜匪。』」

事實上，布拉幫裡面有大量後來被釋放的帝國自由人民，他們的工資很低，或根本沒有拿到工資。你看，連皇帝有時候都可以對他的奴隸不負責任。皇帝聽到了布拉的各種行徑，勃然大怒，相較之下，羅馬正在遙遠的英國贏得了偉大的戰爭，但卻無法在義大利主場打垮一個小強盜。於是皇帝決定派遣自己的禁衛軍官率領許多騎兵去對付布拉，臨行前他警告軍官，如果他回程兩手空空，會有可怕的懲處等待著他。軍官發現布拉與別人的妻子有外遇，就透過先生去勸服妻子，如果不想被起訴，就必須幫助他們。

結果，布拉在山洞裡面睡覺的時候束手就擒，這位強盜頭子終於被逮捕。士兵把他帶到禁衛軍統領帕比尼安（Papinian）面前，禁衛軍統領問他，「你為什麼要做強盜？」布拉回答：「你為什麼要做禁衛軍統領？」後來，布拉被判在競技場上施以野獸撕裂分食的酷刑。領導人死亡，布拉幫六百人的勢力一潰而散，很快就被擊垮。

我們可以從這個教訓中學到，奴隸的暴動和叛變，是來自於我們主人沒有盡好義務，使奴隸挨餓，由於主人的粗暴對待，迫使奴隸為了改善處境，不得不做出這樣的選擇，不過還好這種案例很少見。

我懷疑這些發生在過去的叛變事件，是因為征戰勝利規模太龐大，使奴隸變得像橄欖一樣便宜。如果沒有財產投資，如何鼓勵奴隸主照顧奴隸？但如今奴隸變得昂貴，主人也變得很看重他們，視他們為家庭中的一分子。

但即使奴隸暴動的趨勢已經顯著漸少，你還是應該小心不要被你的奴隸給殺害。讓我告訴你，有個羅馬市政長官名叫佩達尼斯（**Pedanius Secundus**），這個有權有勢的人，最後竟被一個無名小足的奴隸所殺害。沒有人知道這個奴隸為何復仇，可能是因為佩達尼斯違背了釋放他成為自由人的協議，或是因為這個奴隸愛上了主人的一個男童僕，不願意與主人分享所致。然而無論原因是什麼，他的確殺死了主人。所以根據古老的法律，所有佩達尼斯的家奴因為沒有來得及拯救主人，都必須處死，因為家奴裡面一定有人知道些什麼，懷疑些什麼，如果及早預防就能阻止。

佩達尼斯是個富翁，擁有四百個家奴，行刑的時候勢必場面浩大，因此羅馬人走上街頭想要阻止這件事，甚至為此包圍了元老院。其中也有一些元老反對大規模行刑，他們認為此舉太過於嚴苛。但大多數元老則認為，古老法律是不可改變的。如果一個像佩達尼斯一般地位的人，因為奴隸的背叛而被殺害，以後還有誰會安全？因此除惡務盡，一定要讓奴隸得到深刻的教訓，知道一定要保障主人的安全，自己才能活下去。當然因此會牽涉到許多無辜的生命。但是，所有偉大案例背後都不可能總是公平的，然而這種不公平卻具有補償效應，可以使整個社會受益。

但很多元老仍不肯答應，說裡面有很多童奴和女奴，殺死所有人不符合人道。最後感情戰勝了理智，提倡處死一派贏了，輿論群情譁然，人們決定抵制行刑，導致皇帝必須派遣軍隊沿路站崗，才能護送行刑隊伍到刑場執行。一個特別保守的元老認為，與佩達尼斯住在同一屋簷下的自由僕人，應該要被驅逐出境，趕出義大利。但皇帝否決了這項提案，以防過度刑罰使得善良風俗惡化，變得愈來愈暴力。

另外還有一個主人被謀殺的案例，你也應該牢記，就是前執政官馬塞多（Larcius Macedo）。他的悲慘命運終結在他的奴隸手中。馬塞多確實是一個傲慢又殘酷的主人，或許一部分原因來自他自己的父親就是奴隸，所以他想要除掉這個記憶的烙印。有一天他在自家別墅洗澡，突然衝進一群奴隸包圍了他，其中一個奴隸掐住他的喉嚨，另一個打他的臉，另一個打他的胸部和腹部，另一個打他的下體（令人不敢置信）。等他失去知覺，奴隸把他扔到到滾燙的浴室地板，看他是否還活著。他躺在那裡一動也不動，看不出來他究竟是暈過去還是裝死，不過所有人都以為他已經死了。

因此，奴隸把他抬出浴室，假裝他們發現主人因為太熱而在浴室裡暈過去。一些比較忠實的奴隸和情婦過來接手，他們以為主人已經死了，大聲哭泣和哀號。或許是噪音發揮效果，馬塞多睜開了眼睛，毫無疑問地，這是因為他現在離開浴室，獲得清新的空氣。他的眼睛閃動著，四肢也有動作，人人都可以清楚看到他還活著。看到這種情形，攻擊他的奴隸知道真相很快就會被揭發，因此紛紛逃走。這些人大多數都被逮捕，但是馬塞多僅維持了幾天的生命，最後還是死了。不過至少他可以得到安慰，參與謀殺他的奴隸都被抓到，受盡折磨，最後處以死刑。

所以，你可以從這些例子裡看見我們主人如何暴露於各種危險之中。如果殘暴地對待你的奴隸，就會增加風險。但即使你寬容而溫和對待奴隸，也不能覺得就可以因此高枕無憂，每天安穩入眠。並非所有被奴隸殺害的主人都是現世報，很多受害者都只是因為遇見了邪惡的奴隸，被惡奴逮到機會，施以最極致的犯罪活動。

即使懷有敵意的奴隸不至於殺了你，但仍可以造成你巨大的傷害。在與漢尼拔的一場戰役中，有一群支持迦太基人的恐怖暴力份子，極力在羅馬城作亂，在古羅馬廣場和附近的商店、監獄、一些私人住宅到處縱火。灶神廟好不容易保存下來，主要是因為旁邊剛好有十三個奴隸汲水把火焰撲滅了。後來元老院也還他們自由身作為獎勵。

火勢猛烈，更由於在幾個地方同時爆發，毫無疑問是有人故意的。因此，元老院宣布，只要有人提供犯罪訊息，自由人可得到金錢獎勵，奴隸則可恢復自由。受到獎勵的刺激，一個名叫馬努斯（Manus）的奴隸出來告發主人。原來他隸屬於坎帕尼亞（Campanian）的貴族家庭，這個家庭的父母都被弗維烏斯（Quintus Fulvius）砍了頭，家裡有五個兒子。所以奴隸說，他們是縱火報復，並暗中幫助漢尼拔。奴隸還說，他們還計劃要進行更多這類攻擊。

於是五個兒子都被逮捕。起初，他們否認了這個說法，聲稱是因為奴隸前天逃跑，抓回來以後受到鞭打處罰，因此懷恨在心，想要報復。但是，審問他們古羅馬廣場的事，他們都承認了。他們都被處以死刑，而馬努斯則得到自由和近萬銀元。

在這個案例中我們可以看得很清楚，一個勇敢的奴隸揭發了羅馬的敵人，但你也可以看見，一個不滿的家奴很有可能會洩露你的個人訊息，最好的情況下你只會很尷尬，而最糟則是會使你落入危險的境地。

此外，你還必須了解，你的奴隸用來抵抗你的方式，大多不像斯巴達克斯那麼光明正大，以勇敢來對抗自己的奴隸地位。他們在日常生活中，有各式各樣的小事可以用來挑戰你。你必須要警覺的，正是這種每日奴隸的小型挑釁。他們會騙你食物消耗的份量，或是騙你物價上漲，就要從八銀元變成十銀元，讓你多花成本。他們會假裝病得無法工作，發出巨大的呻吟聲，讓你覺得他們能夠活下來簡直是奇蹟，其實他們只是因為不想做一些困難的事而演戲。他們會站在廚房烤爐旁邊，讓身體變熱流汗，然後蹣跚地走到你身邊，看起來好像發燒快昏倒的樣子。

在鄉下莊園裡，你的奴隸會宣稱自己播下了許多種子，但實際上並沒有那麼多。他們會從你的穀倉裡面偷東西來補充他們的糧食，會編造記錄，使收穫看起來不如你想像的豐盛，然後他們會把多出來的部份在市場賣掉。或者，他們無論做什麼都在消磨時間，原本只需要一兩小時的工作，他們可以磨蹭一整天。等到你抱怨，他們會呼天搶地，對神發誓，表示工作比你想像的更難做，他們真的已經盡力了。只要你一不小心，你就會相信他們的謊言，不久以後，農場上的每件工作都變成需要以前兩倍的時間。這就是奴隸的算盤。他們不斷測試你的底線，看他們是否可以躲避。如果你不注意，你的權威會逐漸被吞噬，到最後蕩然無存，連奴隸都看不起你。

城裡的奴隸愛偷懶，他們會偷偷進城，到酒吧裡流連，在馬路上看賽車或賭博。或者，他們會去浴場享受泡水和蒸汽，費用由你出，然後與其他家奴坐著談天，或是和女奴調情。等你質問他們，他們會說馬路塞車，大家都在排隊。或者，他們只是面無表情的盯著你，假裝他們太笨，不懂你在說什麼。

但如今有很多奴隸都變得很聰明，令人難以想像。你應該讀一讀一個聰明奴隸的故事。他叫作伊索。伊索總是能智取主人。你可以從下面的字句了解他的聰明才智。

「你從哪裡出生？」他的主人問。

「從我母親的肚子裡。」伊索回答。

「不，你是在什麼地方出生的？」主人再問。

「我母親沒有告訴我究竟是臥室或餐廳。」

你應該記得有句古老諺語「聰明奴隸會分享權力」，意思當然是說，如果你不注意堅守權力，到最後就會任由家奴指揮，決定所有大小事務。

這些要小聰明的奴隸，若你指派可能會有危險的工作給他們，他們就會完全變成懦夫。或者，他們會使勁讓你心軟，以逃避工作或懲罰。擁有奴隸最令人惱怒的是，他們總是不斷地淚流滿面走到你面前，懇求你的原諒。原本你應該變得鐵石心腸起來，但如果犯錯的是平時小心服侍的家奴，難保你不會大吼大叫。不過你兇過他們以後，還要注意防範，以免他們懷恨在心，在你的湯裡吐口水，或是把你的書藏起來，讓你找不到而發脾氣，像我就發生過一件事，奴隸假裝絆到腳，差點把魚露倒在我頭上。你放心，我可不容易被這種老把戲給矇騙。奴隸還有一種方式可以竊取你的財產，就是逃跑，把他們抓回來又是曠日費時。即使好不容易抓回來了，以後你要面對的就是一個不服管教的奴隸。

你必須時刻牢記，奴隸都是厚顏無恥、愛說閒話、懶散、狡詐、愛偷竊、不擇手段。很少有人能滿足你期望，忠實、勤勞、苦幹實幹、節省。更別提幾乎沒有奴隸會在服侍你的時候戒慎恐懼，專心一致，但這難道不是奴隸的本份嗎。相反地，他們三天兩頭躲著不做事，每天最努力做的事就是想辦法逃避你的監督，根本不值得信任。他們晚上等你睡著以後，偷偷舉辦狂歡會，然後你發現不知怎麼了，所有女奴突然都懷孕了。

奴隸都在主人背後嚼舌根，如果你對他們嚴厲一點，他們就會去和別人家的奴隸講你的壞話。他們寧願不偷主人最好最貴重的費樂納紅酒（Falernia），也要把主人的秘密說出來。不久你會在宴會上發現你的朋友問你一些難以啟齒的問題，說你對待奴隸非常惡劣。奴隸這樣做，目的就是要改變你的行為。他們覺得你不會想要朋友認為你是個殘酷不公的主人。畢竟誰受得了這種壞名聲？

因此，對待家奴一定要小心謹慎，三思而後行，特別是如果你打算要參選某個政府高職，別讓家裡傳出來的八卦阻礙了你的好事。否則要是你不小心把家裡的食物配給抓得太緊，你就會發現外面流傳你是個小氣的守財奴。事實上，我記得在我計劃競選官職的時候，曾經得到忠告，提醒我千萬要記住別人的名字，更要記住奴隸的名字，這樣才會受到支持和歡迎。

當然，奴隸絕對不可能當面說你的壞話，他們太懦弱了。如果他們真的想跟你說一些重要的事，就會用寓言比喻。所以寓言的發明實際上是為了讓奴隸表達感情和想法的，否則他們基於恐懼處罰，根本不敢大聲說出來。舉例來說，要是他們認為你做事情太快，他們就會開始說龜兔賽跑的故事。真讓人不爽。

雖然八卦惹人嫌，但陰謀卻是危險的。如果奴隸開始秘密私下聚會，低聲說話，你要特別留意，一旦發現絕對禁止，你可以禁止他們用母語說話，務必斬草除根。他們有時還會創造只有自己人才懂得的詞句，你根本一無所知，原來那些詞句隱藏了真正的意圖。通常，這種秘密語言只能有一種用途：煽動叛變。

還有一種奴隸聚在一起會做的事，這種比較沒有傷害，就是會討論主人做的蠢事，以顯示他們比主人還要聰明厲害，不過那是他們的想像。我敢說，因為他們自知地位卑微，沒有力量，這樣做可以讓他們感覺良好。或者，這樣做可以互相得到有用的建議。我最近偷聽到一個關於烏鴉的故事，這隻烏鴉是寵物，被綁上了繩子。一天烏鴉逃跑了，但繩子被樹枝纏住，牠跑不了，奄奄一息。烏鴉臨死前說，「蠢蛋！我不能忍受被奴役，但現在卻奪走了自己的生命。」講故事的人說，「等到奴隸換了新主人，才會懷念舊主人。」的確如此。

不滿的奴隸還有另一種惡意行為，就是他們會對你施以黑魔法。當然，我本人並不相信法術的力量能夠傷害我，但大多數的人都是相信的，如果有人繪聲繪影，把你被下了詛咒這件事傳出去，就會產生恐懼和不安。很不幸的，明槍易躲，暗箭難防。奴隸經常會到郊區的墓園附近，把詛咒寫在鉛板上，放到墓碑旁，意思是說主人很快就會變成墓園埋葬的屍體。

此外，對你的匿名抗議同樣很常見。會讓你覺得不舒服，你以為自己努力公平對待的奴隸，卻在背後數落不滿。但現實中這是無害的，他們只敢匿名，因為他們害怕如果被發現，你會威脅他們。你必須學會把這種事當作是在恭維你的權威，是在讚揚你主持家務很有紀律。

第八章 評註

傅可斯在本章揭示了主人心中沉重的恐懼與焦慮。斯巴達克斯的故事，後來成為一九六〇年史丹利・庫柏力克（Stanley Kubrick）所導演的電影〈萬夫莫敵〉，主角為寇克・道格拉斯（Kirk Douglas）。片中英勇的自由鬥士鼓勵追隨者一起站出來呼喊「我是斯巴達克斯！」事實上，這個形象使人對古羅馬時期主人與奴隸的關係產生誤解。鑑於古羅馬時期的義大利是史上擁有最多奴隸的社會之一，因此奴隸有如此多的抵抗，並不令人奇怪。誠如羅馬諺語，「有多少奴隸，就有多少敵人（*quot servi tot hostes*）」。

但是，奴隸的抵抗並不總是如斯巴達克斯於西元前七三至七一年那般戲劇性。事實上，叛變很罕見，也不像斯巴達克斯一般，很容易破壞。歷史上，這些叛變主要是集中在大量奴隸流入一個相對較小地理區域的時候。這些奴隸通常具有相似的種族背景，代表他們更容易共商大計。而團體中包括前任軍事領導，對奴隸的叛變也有幫助。由於羅馬共和時期的大規模征戰，帶來了大量的戰俘做為供應，使得奴隸變成廉價的消耗品，因此主人沒有必要謹慎對待自己的資產。這種種因素的組合帶來了危險，但還好這種組合並不常出現。

到了羅馬帝國時期，由於太過依賴發展完善的奴隸制度，因而面臨嚴重而大規模的威脅。奴隸從小型的抵抗行動開始，撒謊、欺騙、裝病、動作慢。這樣的小規模抵抗有許多形式，但並不總是對立的，而是被動的策略，如逃避、裝傻。我們必須小心，不要因此將羅馬社會關係視為戲劇化的模型，認為羅馬社會的主人與人力資產之間持續有著階級抗爭。

例如布拉・費利克斯等人物，很容易會被解讀為今日的羅賓漢；一群盜匪抗議社會不公，為了公平正義而抵制政權的腐敗。然而，別忘了這些文本的寫作對象是上流社會，因此書中角色更可能是用來突顯某些腐敗官員和皇帝的無能。然而，盜匪故事中所用的情節，確實是以流行的公平正義、貧窮、腐敗為主題，這是為了給施政不力的統治者施加壓力。當政府達不到標準，這樣的故事正可以打他們一巴掌。

一些奴隸的反抗行動，可視為他們與主人之間的談判技巧。他們在試探自己能不能逃避責任，一步步掙脫奴役他們的界限。懦弱可以是奴隸有利的策略，以防他被放在任何可能有危險的位置。還有一種方式是讓主人心軟，不過前提是主人不是個沒心沒肺的狠角色。

塞內加在《論心靈寧靜》中提到，擁有奴隸其中一件令人惱怒的事，是必須倚賴這些一天到晚哭泣的人（*On Tranquillity of the Mind 8.8*）。哭泣可能表示奴隸的痛苦悲傷，也可能只是用來逃避討厭的工作或處罰的策略。主人往往剝奪了奴隸的人性，對待他們不比動物好多少。唯有流淚哭泣，奴隸才可以扭轉處境，宣告他們的人性，顯示主人殘忍待遇的影響。這個策略可能只適用於與主人直接相關的家奴。

說長論短的八卦，也是一種奴隸主動嘗試改變主人行為的方式。八卦將主人的虐待傳送給更多聽眾，顯示主人不是好男人，會降低他的社會地位。西塞羅參選執政官的時候，得到告誡，八卦往往源自家中，所以競選的時候也必須慎重對待奴隸。一些伊索寓言裡面的機智故事情節，小人物勝利，讓被欺壓者暫時獲得勝利的快感。機智的英雄是個聰明的惡作劇製造者，推翻了主人所設定的世界。這種象徵性的平等化，提供了一種對抗富人的心理報復，屬於威權的一種。然而無論小規模或消極抗爭，很難說是否真的有達到多少目的。

發生於西元前一三五至一三二年的西西里第一次奴隸戰爭，見狄奥多魯斯・希庫拉斯的著作（Diodorus Siculus 34.2）。斯巴達克斯的叛變，見普魯塔克《克拉蘇的生平》與阿皮安《內戰》（Plutarch's *Life of Crassus* and Appian *Civil Wars*

1.14）。由於支持漢尼拔，而在羅馬引發恐怖攻擊，見於李維（Livy 26.27）。馬塞多的謀殺，見於小普林尼《信件》（Pliny the Younger *Letters* 3.14）。布拉見於《狄奧・凱西烏斯》（Dio Cassius 77.10）。

第九章
奴隸重獲自由

奴隸都渴望自由。但事實上，他們卻遭到羞辱和降低階級的待遇，使他們覺得自己沒有社會價值。不過，儘管人們認為奴隸沒有道德品格，但他們仍認為自己應該獲得自由。在一些個案中，即使道德和法律都沒有可以議論之處，但仍有許多奴隸認為自己受到不公平的待遇。

奴隸們知道，給予奴隸重獲自由的可能，受益最大的實際上是主人。自由像是餌，用來吸引奴隸努力工作，苦幹實幹。自由也像是棍子，只要主人不高興就可以用來處罰奴隸。奴隸懷抱著希望，能夠忍受任何煎熬；絕望的奴隸則會被迫孤注一擲。

事實上，不是所有奴隸都想要獲得自由。有些奴隸在主人家裡如魚得水，很享受與主人的密切關係，在這種情形下，如果獲得自由就必須盡所有責任和義務。

關於不想獲得自由的奴隸有個著名的案例，蓋烏斯・梅利蘇斯（Gaius Melissus），是一個在斯波列托（Spoleto）出生的自由人，由於父母不願意撫養，他一出生就被遺棄，成為棄嬰。當地的人救了他，把他當成奴隸養大，但也讓他接受高級教育。最後，他被當作贈禮，送給奧古斯都皇帝的密友密西納斯（Maecenas），成為書記。由於梅利蘇斯很聰明，他不久即發現密西納斯以平等的態度對待自己，甚至對待他就像一個朋友。這個時候，梅利蘇斯的母親突然出現，想要替兒子掙回自由，其實她是希望能從這個親近權力中心的兒子身上得到一些好處。但梅利蘇斯寧願繼續作奴隸，因為他已經成為密西納斯的朋友，獲得自由不見得會過得更好。但密西納斯擁有高尚的情操，不久還是放他自由，最後梅利蘇斯甚至與奧古斯都成為好友。後來皇帝還任命梅利蘇斯監造「屋大維門廊」（Portico of Octavia）。

奴隸得到自由，最常見的方式是透過遺囑。身為主人的你，如果在活著的時候就立下這樣的遺囑，必須遵從一種古老的權杖儀式。你要在執政官見證下，公開承認奴隸獲得自由。然後你給奴隸最後一巴掌，象徵他們從你手裡所遭受的最後一場侮辱。此外，如果你不想舉行這樣的儀式，也有其他非正式的方法。老派的作法是，抓住奴隸的手，說：「我要這個人得到自由。」然後釋放他。這就是「解放奴隸（manumit）」一詞的由來，字面意義是從手裡放開奴隸。

至於我的作法，通常我會寫一封信給奴隸為證，或是邀請奴隸與朋友同桌一起吃飯，然後我對眾人宣布此事。我比較喜歡這種在家裡的輕鬆安排。好奴隸已經成為家裡的一份子，因此在所有家奴面前進行最適合。更好的是能讓奴隸覺得驚喜，看到他們臉上交織著震驚、喜悅和感激，最令我快慰。這種方式唯一缺點是，比不上權杖儀式可以在法律上充分賦予公民身份，但這不過是個形式，只要日後補完即可。

可惜的是，解放奴隸必須付出代價，政府會抽稅，費用為奴隸價值的5%。因此獲得自由的奴隸越多，政府稅收就越多。而身為主人，你也必須知道奧古斯都對於解放奴隸所立下的限制。皇帝擔心，大量的奴隸重獲自由，弱者和外國人變多了，將可能稀釋羅馬公民整體的強健。因此，他下令只准許一定比例的奴隸可以在主人的遺囑中得到自由，比例根據主人的奴隸數量而定。一個主人最普遍的情況是有二到十個奴隸，其中一半可以賦予他們自由；如果奴隸的數量介於十到三十個之間，可以釋放三分之一，但如果有三十到一百個奴隸，只能釋放四分之一。若一個富有的主人擁有一百到五百個奴隸，只能釋放五分之一。奧古斯都還設立了其他各種法規，以防糟糕的奴隸成為公民。例如奴隸只要受過刑，或是上過烙印，無論如何都不可能獲得自由，成為公民。

何時讓奴隸獲得自由，是一個困難的決定。主要的差別在於，你是否已經與奴隸產生感情，或者奴隸只是你賺錢的工具。講到忠心耿耿的家奴，我認為，多年來誠心侍奉，這樣的奴隸最值得以自由作為回報。我曾經釋放過一個非常聰明的秘書，名叫泰羅（Tiro），因為他總是證明自己值得信賴，人又勤勉，深具文明人的特質，與他實際生活的地位低下完全不能匹配。我寧願視他為朋友而不是奴隸，我把我釋放他的想法與家裡所有人分享，妻子聽到我的決定，高興地跳起來。於是我想起來，我還沒有聽到他的回應。原來他生病了，病得很重，我給他寫了幾封信，統統石沉大海。這些被解放的自由人！真是需要好好激勵一番！

常常主人釋放女奴，是因為對女奴產生了感情，希望他們的關係發展成合法的婚姻關係。雖然在某些方面我們要譴責這樣的主人，但若是一些有魅力的女奴刻意吸引單身的主人，難免他會產生親近之心。如果你發現自己也有同樣的處境，請務必確定自己要與對方結婚才放她自由。我認識幾個老糊塗，以為女奴會跟他們結婚所以放對方自由，沒料她們卻與年輕男人跑了。

還有一種常見的情況，你釋放的奴隸提議以金錢交換，希望你能把與他有關係的奴隸也釋放了。在這樣的情況下，拒絕一個忠實的僕人，導致對方不能擁有幸福的婚姻，也未免太不近人情。以前曾經發生過，一個我放走的女奴回來要求買她的男人。由於她多年的辛勤服侍，又為我生下三個健康的兒子，我沒有理由拒絕。

關於女奴，除非她們已經過了生育年齡，或是已經生養過孩子，否則我不會考慮放她們自由。家裡太需要有自家生養的奴隸，才能讓主人為所欲為。

那麼，究竟要侍奉主人多久，才足夠以自由作為回報？關於恢復奴隸自由的服務年限，一直有所爭論。二、三十年的奴隸生涯，似乎負擔太重，任何人都不能承擔。一般而言，我認為三十歲是釋放奴隸的好年齡，給他們機會，有時間在社會中立足，以自由民的身份繼續為社會提供優良服務。有些人認為，奴役只有五、六年是不夠的。如果一個羅馬士兵在戰爭中被擄獲而成為奴隸，國家把他贖回以後，必須無償服務五年以折抵贖金。演說家西塞羅說，共和時期凱撒獨裁執政的前六年，相當於全羅馬人都成為奴隸。

在某些特殊情況下，是否放奴隸自由仍有彈性。例如最近我家裡爆發嚴重疾病，造成兩個年輕奴隸病死，我心裡很難過。在這種時候，我總是準備好隨時到他們的臨死病榻前，承諾放他們自由，讓他們最後能以自由民的身份死去，讓垂死之人與親友得到一些慰藉。然而我也會設下一些康復的但書，因此，奴隸無法假裝生病，或奇蹟般地病好以後一走了之。我還要在這裡補充一點，通常我會讓家奴設立遺囑，依照他們自己的願望來決定死後財產究竟要留給誰。其實奴隸是無權立遺囑的，但我會賦予法律約束力，只要他們的遺產繼續留在這個家裡，我就會認真處理奴隸的遺囑。畢竟奴隸的錢，事實上就是我的錢。

有些訊息要告訴你，知道了以後可能會有價值，即使是屬於國家的奴隸，也可以賦予自由。有時候，奴隸想要付錢讓別人來頂替自己的位置，但卻會產生法律問題。我記得有個奴隸屬於我們鎮上的議會，他就是提出這樣的要求，付錢讓別人頂替他的位置，結果新的奴隸跑了。議會想要再把奴隸枷鎖套回他身上，他卻寫信給皇帝，告訴皇帝他的解放是合法的，法律也沒有規定如果新人跑了他必須回來繼續作奴隸，所以最後他依然是自由民。

國家偶爾會讓奴隸去服兵役，所以放他們自由，因為只有自由民才可以當兵打仗。你可以想像，除非戰情逼緊，否則不會發生這樣的情況，其中一次是我們的軍隊在坎尼（Cannae）遭逢漢尼拔徹底擊潰，另一次則發生在奧古斯都時期，條頓堡森林（Teutoburg forest）一戰，瓦魯斯（Varus）總督失去了三個軍團。

釋放奴隸的爛理由有很多種。自由應該是忠誠服侍的獎勵，而不僅僅是主人的心血來潮。令人遺憾的是，有幾個案例顯示，有些主人釋放奴隸，是為了要奴隸協助犯罪，甚至執行謀殺。由於獲得自由的奴隸就是一般公民，可以每個月收到政府發放的穀物和補助。這樣一來，就可以由國家出錢養奴隸，主人則不必花費一塊錢。還有另一個釋放奴隸最愚蠢的原因，我認識一個人，他死後盡可能釋放最多的奴隸，是為了能有一個令人印象深刻的葬禮。由眾多戴著毛氈自由帽的自由民，扛著棺材，簇擁著送進墳墓，也不管其中一些奴隸有多麼糟糕。真正的羅馬人看到這種葬禮隊伍，並不會覺得感動，反而會因為看見一群人渣變成了公民，而覺得很害怕。

你也應該知道，即使你已經不想要他們，也不能隨便拋棄奴隸，這是伽圖的勸戒。早在尼祿皇帝時代，一些主人把生病或年老的奴隸放逐到台伯島，島上有一座醫神──阿斯克雷皮烏斯（Asclepius）的神廟。皇帝下令，所有以這種方式被遺棄的奴隸，都會獲得自由，病好以後也不必回到主人身邊；因為主人不再為奴隸負責任，因此奴隸也無須再為主人盡義務。尼祿還指出，如果主人因為不能丟又不想養而殺了奴隸，也會被以謀殺罪起訴。雖然尼祿皇帝制定了這些法律，卻沒有強力執行，因為法律對類似情形沒有清楚的規定，這條法律的存在只是在表明立場，讓人民知道皇帝關心奴隸的人道待遇。

另一個釋放奴隸的主要原因，是奴隸從主人手中買回自由。把自由賣給奴隸，對我們主人來說好處多多。乍看似乎違反直覺，因為這樣會造成我們留不住而失去奴隸。但你應該記住，要讓奴隸整體不斷進化。新血換舊血，時時保持奴隸整體煥然一新，勤奮工作。所以，如果你能收取奴隸獲得自由的費用，那就更好了，因為這樣奴隸等於是送給你換新血的資本，你不需要花一塊錢。

由於奴隸渴望自由，這種方式可使主人獲得最大的利益。奴隸有自己的錢和財產，不過在法律上這些都是你的。奴隸的財產通常來自於工作努力的回報，這種投資最好，因為最後你全部都能拿回來。你會發現，奴隸為了重新獲得自由，即使日期在不確定的未來，如主人死亡的那一天，他們也願意付出可觀的代價。

你也該注意一些陷阱，正因為許多奴隸都渴望自由，因此為了獲得自由，再大的犧牲他們都願意。所以平常你要給城裡的家奴一些錢，讓他們給自己買食物。為了重獲自由，他們寧願忍受飢餓。如果不注意，你會發現自己的隨從看起來像一堆骷髏。

主人和奴隸之間的協議，依法強制執行。因此，如果任何奴隸聲稱自己用錢買回了自由，但主人卻背棄了交易，那麼奴隸就可以向城裡的官員投訴。如果奴隸不能提出證明，就會被處罰，送到礦坑服勞役，以免浪費大家時間，又玷污主人的名譽。另外，主人可以要求歸還奴隸，自行處罰，但處罰不可比送到礦坑更嚴重。

有鑑於這些安排具有法律約束力，因此必須寫成合約作為正式記錄。我與家奴一起設立這種合約以後，會把合約保管在附近的神廟裡。

讓一個奴隸重獲自由，並不一定表示他可以立刻愛做什麼、就做什麼。一般來說，我會在奴隸解放之前，設立一些條件。首先，我會規定奴隸需要進一步服務，為期通常數年。在此期間，即使奴隸名義上已經獲得釋放，成為神廟管轄之下的一份子，但實際上仍然必須執行奴隸的工作。此時奴隸必須承諾提供良好服務，遵守主人的規定，也必須確認將繼續接受主人任何形式的處罰。如果奴隸是女人，我經常規定女奴必須交出一個自己的孩子作為交換。由於渴望自由，女奴通常會高興地答應，不過她們會希望有一天把孩子的自由買回來。我會在家裡盡可能地利用這個孩子。有時候，如果奴隸執行的任務很有價值，我會特別不願意讓他們走。我會把釋放的時間延後，只要活著，我就不會讓他們走。

我在遺囑裡面規定某些奴隸可以被釋放，但我會另外設下一些條件，要求他們在我死後繼續提供我的未亡人特別服務。有些案例中，我會在遺囑中把一些奴隸的自由但書設定給我的兒子和繼承人，讓他們繼續服務三年到五年，作為分期付款。這樣一來，我兒子可以同時兼得收入的利益與額外的勞動服務。我也會要求我的兒子，在我去世後要繼續照顧我的兩個老僕。這是我個人一點驕縱的小要求，雖然兒子會有一點負擔，卻可使我得到寬慰。

解放奴隸的合約一定要再三確定，以防錯誤。我認識一個朋友，他已經過世，他在生病期間匆忙留下遺囑，結果把他最喜歡奴隸的名字拼錯了，原本要釋放的奴隸叫做 Cratistus，卻弄錯變成了 Cratinus。此事最終進入法院，還好法院基本上遵循解放奴隸的原則，判決要釋放 Cratistus。

獲得自由後，你與奴隸（現在是自由民了）之間仍會繼續保持密切關係。一日為主，終身為主，你是他們的靠山。而且，在他們還是奴隸的時候，必須堅決服從主人，如今他們則像一個兒子般，對父親展現尊重和順服。因為父親的身影如山，應該永遠受到奴隸或兒子的尊重和崇敬。即使他們搬出去，仍然是家庭的一份子。

當他們真正被釋放的那一天，我讓他們發誓繼續為我效力，每年有一些時間為我免費服務。像這樣，奴隸應在你需要時，進行各種小服務，服務項目依照他們的條件和狀況而定，如果他們是油漆匠，可以叫他們來塗油漆，如果是理髮師則可以回來免費剪髮等等。即使是童奴，被曾為奴隸的父母買回自由，也可以叫他們回來擔任各種職務，例如宴客時可以負責呼叫客人的名字，或是擔任娛樂表演工作。當然，由於你的奴隸已成為自由民，你也不能太過苛責他們，要求他們做一些能力所不及的工作，或是要求他們做太多免費工作，以至於接下來沒辦法賺錢過日子。如果你這樣做，你會發現他把你送上法庭，而且你會敗訴。

為了追求你的個人利益，你所釋放的自由民對你特別有用，像我就把一些釋放的自由民安排在我的生意上，擔任銀行員和貸款人，也負責海外貿易。這些商業活動的利潤都很高，但找一個高階的人直接參與，未免太庸俗。

為了回報這些服務，自由民得到你的贊助，可能是以財政援助的形式，例如幫助他們建立生意，提供熟人門路。我的自由民經常要求我為他們寫推薦信，只要他們證明自己有價值，我總是樂意協助。由於這樣做可以使他們成為我家族的從屬，還可確保他們晚年可以繼續得到我的供給，等到他們死了，身為家庭成員的一份子，他們可以共享傅可斯家族的墓園，不過我會保留權利，排除那些我認為配不上這等榮譽的人。我也確保這些自由民的家人可以拿到墓園鑰匙，讓他們世世代代都為我的家族犧牲奉獻。

有些主人特別重視奴隸，對他們極為大方。我認識一個古老家族的女僕，得到一座小莊園作為養老金。她是家庭奶媽，還幾乎成為主人孩子的母親。等到這家的兒子長大繼承衣缽，奶媽已經老了，於是兒子送給她一座價值十萬銀元的農場。不過我必須要說，這種行為極為罕見。

總歸而言，你會發現你的自由民是愉快和感激的。前面提過，一些過世的解放奴隸安葬在我的墓園中，他們的墓碑還會提到我，最近的一座這樣寫著：「我最忠實的靠山，馬庫斯・希多尼斯・傅可斯，我感謝他的諸多幫助。」風采與美德的結合。自由民如此感謝我們，不必感到驚訝。這些命如草芥的奴隸，從野人部落抓回來，我們把他們買下來，如果是家裡出生的家奴，我們還花錢把他們養大。等到他們的服務時限結束，我們更給他們機會，讓他們可以在全世界最偉大的社會中找到一條出路。作為正式的公民，他們和後代子子孫孫都可以抬頭挺胸，成為地球上最成功、最文明公民的一員。

我的家為這些奴隸提供了一個家，一個壁爐，一個基礎，他們可以建立自己的生活。我的很多奴隸彼此都成為好朋友，友誼持續到成為自由民。我有兩個自由民從奴隸販子的拍賣台上相識至今，他們一起學拉丁語，等到他們被釋放以後，也一起做生意。後來其中一個先過世，另一個花錢買了昂貴的墓碑，上面刻著「最親愛的伙伴」。在鄉下的莊園則不同，通常只有管家才有錢設這樣的墓碑。即使如此，也幾乎沒有人這樣做，不是因為他們是文盲不能讀寫，而是因為沒有人想要知道墓碑上面寫些什麼。我自己曾自費為一個最忠實的農場經理設了一座墓碑，他的工作效率極高。可惜農場奴隸一般沒錢也沒時間把心思花費在墓碑上。

身而為奴是可怕的命運，但在羅馬的結局不必如此。我促使奴隸把它看作一個測驗，能夠通過就證明自己是好人，忠誠而值得信賴，奴隸這個身份提供了途徑，可以讓來自各地的野蠻人成為真正的羅馬人。

第九章
評註

對許多古羅馬的奴隸來說，奴隸是一個暫時狀態。只要努力工作，忠於主人，辛勤服務，可以合理預期獲得自由。不過我們並不知道有多少奴隸具有這種合理的預期，比例有多少，也不知道奴隸等待自由的時間有多長。我們只知道，家奴比較容易被釋放，因為他們的位置可以與主人發展個人關係。不過，在一個大家族產業中，並非所有家奴都能這麼做，他們必須要位置夠高，而且孤高的主人也會跟他們保持一定的距離。

奴隸解放主要是城市的一種現象。有些鄉下的管家會得到自由，不過一般普通的農工奴隸會一直做到死。情況為何如此，不難想見。原本主人就與這些人的接觸最少，而且他們如果變成自由民，主人受益不大，加上還要找一批新奴隸來取代。在農場工作的奴隸，或許最好的希望就是老了以後能夠分配到比較輕鬆的工作，而不必在田裡做到腰斷掉。不過很少有人能夠活著撐到老。

家奴被奴役的時間，會隨著不同人家而有不同的狀況。現存意見從五、六年到二十年都有。關於這個問題，《阿斯特安賽克斯之神諭》（Oracles of Astrampsychus）提供了一個有趣的觀點。曾經有個奴隸清楚地說到這個問題：「請問我是否可以擺脫奴役？」答案顯示，對大多數奴隸來說，自由是非常遙不可及的。可能的答案有十個，其中五個是「不行」，兩個是「等過一段時間」，一個是「等你付錢」，時間不一定，但由於奴隸要很節省才能累積一大筆贖身費，所以通常不會太快。還有一個是「完全不可能」，並建議奴隸「從此不問」。其中只有一個有樂觀答覆：奴隸「將被釋放」且「還有豐厚的遺產」。這就是奴隸的生活，每個人都希望能有一個美好的未來，但從主人的觀點來看，盡可能讓奴隸能繼續工作下去，可使資產最大化，獲得回報，這是有道理的，然而使奴隸懷抱著獲得自由的希望，可以使他們保持勤奮忠誠。

在德爾斐神殿（Delphi）的奴隸解放合約中詳細記載，即使釋放奴隸，最終獲得自由也要在幾年以後，期間還需持續好好服侍主人，而前主人也認為脫離奴隸身份的自由民仍應該要為他擔任各種職務。這顯示奴役與自由之間的差異，實際上並不如我們想像的那般涇渭分明。可以這麼說，許多奴隸都渴望獲得自由，也準備好要長期應戰。

奴隸制度是一種羅馬社會同化大量外人進入社會結構的方法，但羅馬人也試圖設立一些辦法，來控制品質，防止不想要的人成為公民。例如〈艾里亞斯・山提亞斯法〉（*Lex Aelia Sentia*），將曾經被主人上銬鍊處罰的奴隸、受過烙刑的奴隸牽涉犯罪經過酷刑審問的奴隸，或是被判為角鬥士與野獸對抗的奴隸等，統統排除在外。如果主人依然決定釋放這樣的奴隸，他們會獲得自由，與外國人同等地位。西元前二世紀頒布的〈扶菲亞斯・卡尼尼亞斯法〉（*Lex Fufia Caninia*）附加限制，規定一個主人可以釋放奴隸的百分比（見 Gaius *Institutes* 1,1; 8-55; Suetonius *Augustus* 40）。

西塞羅對於凱薩前六年的獨裁統治，相當於奴役全羅馬人民，可見於《斥安東尼書》（*Philippic* 8.11.32）。奧古斯都最嚴厲的處罰之一，是禁止奴隸解放三十年，見蘇東尼烏斯《奧古斯都傳》（Suetonius *Augustus* 21）。《學說匯纂》（*Digest* 38.1）記述關於自由民與庇主之間義務的法律。尼祿禁止主人在台伯島拋棄老殘奴隸，見於蘇東尼烏斯《克勞迪烏斯》（Suetonius *Claudius* 25）。主人釋放奴隸，使奴隸獲得國家的玉米配給，見於《狄奧多西法典》，以及蘇東尼烏斯《奧古斯都傳》（*Theodosian Code* 14.17.6 and Suetonius *Augustus* 42）。對於老護士得到農場饋贈，見於小普林尼《信件》（Pliny the Younger *Letters* 6.3）。碑文（*ILS* 8365）是一個家族墓園開放的一個例子，廣泛成員包括奴隸和自由民。蓋烏斯・梅利蘇斯的故事，見於蘇東尼烏斯《文法家》（Suetonius *Grammarians* 5）。

第十章

自由民的問題

一個人的聰明才智展現為野心，就像身體發出體臭。這就是自由民的問題；自由使他們腐臭。一旦他們正式被歡迎，獲得接納，成為羅馬公民，就會產生強烈的渴望，想要在社會中往上爬。如果自由民從前做奴隸的時候，臉上被紋面或是烙印，他們會千方百計想要掩飾自己過去所受的奴役，去看專門處理這些具體證據的醫生，掩蓋這些疤痕，把肉割下來，燒上新疤痕，覆蓋過去，這些都不令人驚訝。更多自由民會更進一步，努力再努力，我承認，他們比生而自由的人付出更多。還好蒙上天垂憐，禁止這些人在政府任職，否則每一個都會瘋狂地想要爬上肥滋滋的政治仕途。他們只好被迫轉移目標，實踐個人成就，變成有錢人。但即使這樣，他們也只能以庸俗的方式來達成目標。由於無法從長期持有管理土地房屋獲得收益，他們往往只能藉由貿易往來增加自己的財富，變成傳奇般地富有。

解放奴隸始終是一種放任的寬容。主人回頭看看多年來某個特定奴隸的忠誠服侍，心中歡喜，內心的柔軟深處產生解放奴隸的想法。像他一樣，我們可能會想，我們解放的奴隸變為自由民後，會順從感謝我們，會急著想要報答我們的仁慈大方，無論什麼小事他們都會願意幫我們解決。我們還可能會以為，奴隸獲得自由以後，會因為很高興而充分尊重主人優越的社會地位。很可悲的，我們錯了。自由民經常不如他們應該表現得那般順從，相反地，他們往往具有逾越個人地位的暴發戶心態，不過最後很多都得到修正。

就以我的自由民塞爾烏斯（Servius）為例吧。我把自由賞給這個受過教育的奴隸，按照慣例，他冠上我的姓，得到新名字：馬庫斯・希多尼斯・塞爾烏斯（Marcus Sidonius Servius）。然而，他還沒被釋放多久，就以為自己已經能與我平起平坐。早上他稱呼我就像一個熟人，根本忘記要尊重我。有一次，我想要解釋該怎麼處理創業資金，他卻打斷我，這份資金還是我支援他的。於是我脾氣上來，給了他幾巴掌，下手不重，也清楚告訴他我對他行為的想法。你不會相信接下來發生了什麼，為了面子，他竟把我告上了法庭。他認為，我不該這麼對待一個自由人。

還好法官的頭腦清楚，且是我多年好友，具備良好的判斷力，看待這件事與他不同。於是法官駁回此案，宣告以前主人的資產去控告前主人，是一件荒謬的事。一日為奴終身為奴，前主人自然不必要尊重一個奴隸，所以也不可能有所羞辱。

可悲的是，並非所有自由民都會感謝你，也不會履行他們應盡的職責。我自己也有幾次被迫上法院抱怨某些我的自由民。法院當然會譴責自由民的這種行為，認為他們身為前任的奴隸，不應該逃避責任。如果自由民的態度和行為傲慢，就會受到處罰，甚至被驅逐出境，時間到才能返回。如果他們攻擊了庇主，還會遭罪，受到挖礦的刑罰。如果他們另外犯下其他罪案，或是惡意散佈庇主的謠言，或是煽動別人控告庇主，也會遭到同樣的處罰。如果他們僅僅是沒有為前主人盡責，通常法官只會告誡他們，但也會警告他們，如果下次再被投訴，就會受到嚴厲的處罰。尼祿皇帝更進一步，只要有自由民不尊重自己的庇主，或是對於前主人沒有表現出應有的感謝，造成投訴，甚至可以把他們再度變賣為奴。

驅策著自由民與其家族的熊熊野心，使他們在社會上崛起，到了令人側目的程度。一個前奴隸竟然可以藉由以前的工作或繼承主人的財產，與一些歷史悠久的地主家庭旗鼓相當，真是令人不齒。我抱著疑惑的快感，在坎帕尼亞與同樣狀況的一個人為鄰，他以超過實際價格的高價買下一棟房產，明顯炫富。他的名字叫做特立馬喬（Trimalchio）。

他搬入不久，便邀請我到家裡吃飯，我不希望顯得清高便接受了。整個晚上他不斷講述自己是如何努力賺來所有的一切。他說，「我有動力，我會低價購買，知道什麼時候高價賣出，而且我非常節儉吝嗇。」

他還是小男孩的時候就從亞洲來到羅馬，成為主人的最愛有十四年的光景。後來，他管理的範圍涵蓋整個家族，並成為主人的繼承人之一，最後繼承了大筆遺產。正如他所說，「無所事事，會令人厭煩」，所以他決定經商。

他建了五艘船，裝滿了酒，但在航行到羅馬途中沉入大海。他聲稱失去了三千萬銀元，但他一向誇大。因此，他建了更大、更好的船隊，這次裝滿了酒、燻肉、豆子、香料和奴隸。他說在這次航程中賺了一千萬銀元，不過應該不只這個數字。後來他又買了一間大房子和土地，添購了許多奴隸。

這些暴發戶的成功太耀眼，令人覺得很離譜。你會以為他們只是因為很高興身心都能獲得自由，能夠成為真正的公民而感謝。正因為如此，羅馬人也成為各類移民和奴隸的大熔爐，有時甚至令人忘卻了自由人與奴隸之間地位的巨大差異。由於奧古斯都皇帝改革了騎士的階級，接納那些資產超過四十萬銀元的人，因此富有的自由民紛紛卡位，造成社會階級的界線模糊，自由民甚至設法讓自己贏得高位的選舉。例如，菲利普斯（Barbarius Philippus）原本是個逃跑的奴隸，但後來非法當選為羅馬執政官。令人懷疑，是否應該將奧古斯都皇帝所制定的法令從章程中完全抹除，或為求國家社會穩定而保留。

當然，如果自由民或奴隸想要以欺騙的方式進入公職，卻被發現了，他們應該受到嚴厲的處罰。有個叫做麥柯希穆（Maximus）的奴隸，差一點就擔任了財務官的職務，還好他的主人認出了他，把他拖走。由於他勇敢爭取公職，最後獲得豁免權。另一個逃跑的奴隸就沒這麼幸運，他被發現時已經成為一名裁判官，最後人們把他從卡皮托山的塔碧亞岩（Tarpeian Rock on the Capitol）丟下去摔死，作為處罰。如今社會一片混亂和困惑，人們無視於羅馬國的優良傳統，就我所知，那些買回自由成為羅馬人的奴隸，他們的錢都是來自搶劫、賣淫和其他邪惡活動。

我知道有些地方社區，如果有曾經擔任奴隸的有錢人亂了規矩，就會採取排除的手段。我記得自己在非洲的房地產就發生過這樣的事，有一個剛剛被釋放的奴隸名叫科雷西木斯（Chresimus），他擁有的小農場，收穫量比鄰居的大農場更豐盛。於是人們開始排擠他，指責他是施巫術偷走了大家的莊稼。在審判過程，他把所有的農具、設備與奴隸，都一起帶進法院。他的工具精良，看起來都有經過良好的保養與維護，他的奴隸都很健康，穿著得體，顯示受到很好的照顧。他大聲說：「這就是我的法術！你們看不見的是我的辛勤工作，從清晨到深夜，我的汗水都滴在泥土裡。」法官一致宣判他無罪。

說句公道話，除了農業以外，有很多自由民和他們的兒子在商業方面都取得了巨大的成功。阿西流斯・賽勒盧斯（Acilius Sthenelus）是個自由民的兒子，在諾門頓（Nomentum）種植了不到六十畝的葡萄，卻賣了四十萬銀元，贏得褒獎。賽勒盧斯也幫助朋友勒密烏斯・帕萊蒙（Remmius Palaemon），在過去的二十年陸續花了六十萬銀元，在距離羅馬大約十英里的門塔納買下莊園。或許你知道，鄉下的地產價格很低，尤其是這一帶，但他連最便宜的農場都買下來，那裡的土地沒人管理，土質很差，甚至連最壞的標準都達不到。然而在賽勒盧斯的精心管理下，改種葡萄，經過土壤改良，重建農舍，結果不同凡響。不到八年，這座還未收穫的舊農場，拍賣價格標到四十萬銀元。經過短短十年的悉心照顧，最後偉大的哲學家和政治家塞內加，以四倍的價格買下這座葡萄園。

我們也必須承認，並非所有的自由民都粗俗不堪。有些自由民擁有最高級的大腦，對於學術研究具有重大貢獻。他們不是因為幫主人讀書或擔任秘書而有如此成就，例如馬庫斯・安東尼烏斯・格尼佛（Marcus Antonius Gnipho）出生高盧，身為自由人，卻被父母遺棄，被當作奴隸養大。他的主人教育了他，然後釋放他。他的天資聰穎，具有無與倫比的記憶力，學會希臘文和拉丁文，性情愉快隨和，令人喜愛。他接受學生的饋贈，卻從來沒有要求學生必須支付一定的學費。他還在凱撒成長的家庭中任教。

還有斯坦伯利斯・厄洛斯（Staberius Eros），他可能是色雷斯人，人們在公開拍賣中買下他，後來他因為對文學的熱愛而獲得釋放。他深愛共和國，曾教導過凱撒的刺客——布魯圖和卡修斯（Brutus and Cassius）。人們賦予他高尚的品德，在蘇拉的獨裁統治下，他義務教導冒犯了暴君規定的孩子。

接著是勒那烏斯（Lenaeus），他是偉大龐培大帝的自由民，與龐培常相左右，無所不到。據說，他還是一個奴隸的時候，掙脫銬鍊逃回自己的國家，教導文學。然後，他派人把相等金額的錢還給主人，但主人卻因為他的高尚情操，以及身為一個優秀的學者，因而分毫未取地釋放了他。

當然，先皇家族的自由民，可以被從粗俗的暴發戶奴隸群體中排除在外。他們與這些國家之父的親近，造就了他們在社會上的特殊地位。因為有皇帝支付他們薪資，他們往往能夠因而累積大量財富，最後自己也成為奴隸主人。例如莫西克斯・舒萬努斯（Musicus Scurranus）是皇帝提比略的奴隸，但他卻擁有十六個奴隸，服務包羅萬象，從會計記帳，到廚師，到整理服飾。事實上，克勞迪烏斯皇帝的自由民同樣是經由法律認可，獨一無二，可以與公民結婚，且子女可獲得拉丁人的地位。相較於此，正常奴隸如果和羅馬公民生活在一起，就會受到嚴重處罰，生下的孩子也會被歸類為奴隸。這種皇帝自由民在廣大的皇室內必須擔負許多職務，我甚至還遇過一個在打勝仗時專門負責皇帝龍袍的專員。

有些自由民與皇帝特別親近，最後成為心腹。眾所皆知，克勞迪烏斯仰賴自己的自由民提供各種意見，即使重要的公眾議題也一樣。他認為，因為自由民不屬於政府，也不積極參與政治，因此他們完全客觀，大可依賴。甚至還有出身自由的羅馬公民，自願成為皇帝的奴隸，加入他的大家族，協助他管理帝國。我認識許多古老的家族，由於傳統由元老執行的工作，如今卻是由奴隸來接管，這些家族往往因此感到很惱怒。而且我必須說，有些奴隸行為的確令人不齒。皇帝克勞迪烏斯有個自由民，名為帕拉斯（Pallas），只不過向皇帝提出建議，立法讓奴隸可以迎娶羅馬女子，就得到元老院頒贈的一千五百萬銀元和榮譽裁判官名位。帕拉斯虛情假意地假裝謙虛，推辭了饋贈，卻留下榮譽，宣稱自己微薄的收入已經夠用。因此，元老院發現自己進退不得，還不得不去豎立一座正式的碑銘，來讚美這個前奴隸那種老派的節儉品德。同時，帕拉斯的兄弟菲利克斯（Felix），卻一點也不自制。克勞迪烏斯任命菲利克斯為猶大省長，他相信自己與皇帝關係密切，以為自己可以高枕無憂，因此在猶大省肆無忌憚地作惡。

這些皇帝的奴隸和自由民，自己有自己的一套法律。他們與社會分離，彼此之間關係緊密。我曾見過幾個他們為同僚所精心設計的墓碑，這些人都屬於同一個行政機構。我也見過他們為了永生而選擇埋在在一起的墓地，彼此緊緊相依，就像他們活著的時候一樣。

但是，除了這些少數的例外，大多數自由民不得不誇耀自己的財富，在某種意義上是為了顯示自己是真正的羅馬人。你可以從他們墳墓的奢華看到這點，表示他們屬於這個永恆之城，也屬於公民體的一員。我可以理解，但他們的墳墓是總是華麗輝煌，對於自己的成就總是過份吹捧，不像一般人謙遜以對。

自由民總是會仗著自己有錢，找各種小事來騷擾你，他們不知道，真正的財富並不需要大肆宣傳，從一個紳士的克制態度和品格就可以想見。我前面提到的鄰居特立馬喬，每天都用小麥收穫量，還有早上出生了多少隻牛等小事來轟炸我。他甚至會叫記帳的奴隸進來，將當天安排的種種事項背誦給我聽，比如宣告他的女奴已經生了三十個小孩，多了三十個奴隸、一個叫作米特里達梯的奴隸因為辱罵主人而被懲處、保險櫃裡面已經放入了一千萬銀元等。

有一次他的奴隸又在我面前，彙報關於龐培城的花園發生了一場火災的事。特立馬喬此時插嘴道：

「那是什麼，我什麼時候在龐培城買了花園？」

「去年，」帳房說，「但還沒有記錄在帳戶裡。」

特立馬喬滿臉通紅，氣得鄭重宣布：

「如果沒有在六個月以內告知我，我就不准任何房地產輸入我的帳戶中。」

所有這一切都是為了使我驚訝，不過我只為他們感覺丟臉，當然，我不相信他們說的半個字。

等到所有這些表演完畢，才終於開始吃飯。不過，正當我們準備要坐下來吃飯的時候，一個埃及男童奴跑過來，把摻有冰雪的冷水澆給我們洗手，男童奴後面跟著一群人，依序為我們露出拖鞋的腳趾頭，以驚人的靈巧修剪我們的趾甲。在這些事進行的時候，所有男童僕還一起大聲合唱，連整座房屋似乎都唱起來了。席間我跟旁邊的男童奴要了酒，他還大聲把我要的酒名唱了一次。你會以為自己不是在吃飯，而是到劇院欣賞一場音樂會。

然後食物送進來。首先看到一個巨大的托盤，托盤上面有一個銅驢，銅驢背上掛著兩筐分別是黑色和白色的橄欖。上面有兩個盤子，盤子上有各式美味佳餚，包括灑上罌粟籽和蜂蜜的睡鼠，銀烤架上面的熱香腸，下面放著黑李和石榴。托盤上還刻著特立馬喬的名字，以及含銀量。

這只是開場，很快特立馬喬就在音樂伴奏中被抬進來，然後被放在一堆墊子上。他剃光的頭下面掛著一件猩紅色的斗篷，脖子上圍著一條鑲有紫色邊條的餐巾，好像是一個元老。他左手的小指上戴著一個巨大的金戒指，隔壁的無名指戴著稍微小一點的鐵星金戒指。為防有人看不見他身上的珮飾，他露出了右臂，上面戴著黃金臂章，還有一個鑲著黃金的象牙環，閃閃發光。

關於這場華麗的展示，最糟糕的是，他非常自負。特立馬喬看見我呵呵取笑他誇張的晚餐秀，立刻惱怒地說：

「你笑什麼？或許你是羅馬紳士，但我和自由人在一起，走路抬頭挺胸。我不欠人一塊錢。我從沒被告到法院，也沒有任何債務。如今我已買下幾座房產，一些銀器，家裡還有二十個奴隸和一隻狗。我是奧古斯都六祭司團的一員。我甚至還把以前一起生活的女奴買回來，這樣就沒有人能用骯髒的手去碰她。」

「當然。」我說。

但他現在動力全開，沒有要停止的樣子。

「你不知道當奴隸是什麼樣子。我最討厭你們高高在上的羅馬人叫我『小男孩！』尤其叫我的還是沒有長鬍子的小毛頭。還有要搬夜壺給你們的時候。還有肚子很餓的時候，明明桌上有吃剩一半的奶油蛋糕和雞肉，但卻被告誡奴隸不可以吃主人的剩菜。但最讓我生氣的，還是癡肥的羅馬人竟然說我們奴僕貪婪又饞嘴，我們根本沒得吃好嗎？傅可斯，你我都知道，所有羅馬人買奴隸都是為了炫耀，可不只有我們自由民。只要有錢，我們都會盡量買奴隸，買奴隸並不是為了賺錢，而是告訴世人，我們多麼有錢，多麼了不起。」

第十章 評註

獲得自由的奴隸，並不能為了追求完全的自由而離開前主人。人們期望他們要表現出對庇主的尊重，他們受到託付，被迫進行一定的服務，為庇主效力。如果他們沒有執行這些服務內容，法院可以強制執行。在法律上，主人再也無法對奴隸進行具體處罰，但有一個法官判案的例子，自由民泰羅投訴自己遭受庇主的侮辱。起因為西塞羅寫信給他從前的奴隸——聰明的泰羅，信中寫了幾個玩笑，表示如果泰羅不回信，就會得到一頓好打。看來主人依然持續以某種說話態度來對待他們的自由民，主人毫無疑問地以為這樣很有趣，但我們可以想像聽話方可能並不覺得那麼有趣。見懷斯曼編著《古典新發現》，瑪麗・畢爾德文章「西塞羅派往來通訊：一本由信件編成的書」。（'Ciceronian Correspondences: Making a Book out of Letters', In T. P. Wiseman (ed.), *Classics in Progress: Essays on Ancient Greece and Rome*, pp. 103-44）

一旦得到自由，許多奴隸就會努力達成從前無法做到的事。這些自由民的成就，可以在現存的墓碑上看見他們穿著公民長袍的身影，唯有成為公民才能穿這些羅馬長袍。其中有些達成了非凡的財富和權力。當然，這些幸運的少數代表，只是冰山的一角。但也有數不清的人以自己的方式一步步往上爬，改善了自己和家人的生活品質。

這種社會流動性，正是羅馬與雅典奴隸制度的差異，雅典公民體較為固定，少有空間。相對地，透過大批解放奴隸，羅馬社會能夠吸收許多新的公民。但並不表示這些新人在社會上的成功，沒有引起大眾不滿。

佩托尼奧的《半獸人的故事》，就是一份充滿了這種嘲弄社會暴發戶的文本記錄。這本小說寫成於西元一世紀中期，描述了一個叫恩可皮烏斯（Encolpius）的男人，與十六歲男伴基同（Giton）的不幸故事。作品中有大量情節描述他們受到邀請，出席特立馬喬家中的一場晚宴。特立馬喬是一個極其富有的自由民。這頓飯奢華非凡，自由民竭盡一切努力，排場十足地使客人留下深刻的印象。書中對於特立馬喬以及自由民朋友的行為冷嘲熱諷，恥笑他們下層階級的說話方式和態度。然而《半獸人的故事》只是一部虛構作品，為了有趣而故意誇大故事情節。因此持平來說，可將本書看作是一種投射，對於這些想要提高社會階層的自由民，以極度粗俗的方式來反映出羅馬高階社會的怨氣。

自由民不都是一樣的，就像奴隸也不都是一樣的。有些自由民隸屬於皇帝，因此具有較大的影響地位。由於這些人接近權力中心，表示他們在法律上也具有特殊地位。有些自由民則成為天賦英才的學者與作家，在文學上獲得成功。大多數自由民的成就都遠遠不及特立馬喬。

然而我們不應該假設自由民與他們的前主人之間是對立關係，許多自由民對於庇主日後幫助他們的事業，都表達了感激之情。也有些人得到特權優勢，能夠在死後埋葬在庇主的家族墓園。

庇主的合法權益可見於《學說匯纂》（*Digest* 37.14）。皇帝的自由民有不同的法律待遇，可見於《狄奧多西法典》（*Theodosian Code* 4.12）。對於科斯烏斯對抗施巫術的指控，請見老普林尼《自然史》（Pliny the Elder *Natural History*

18.8.41-3）。奴隸麥柯希穆成為裁判官，請見《狄奧・凱西烏斯》48.34，而關於菲利普斯非法當選羅馬執政官，同見《學說匯纂》1.14.3。，特立馬喬的盛宴請見佩托尼奧的《半獸人的故事》26-78。

第十一章
基督徒和他們的奴隸

對於我們所生存的這個世界，有一件事很不幸，那就是基督徒正在大量增加。由於尼祿皇帝等人積極行動審查這個邪惡的迷信，終於把許多仇恨人類的基督徒都殺死。但不久猶大省再度爆發邪惡事件，並且很快蔓延到羅馬，出現了許多醜惡可恥的事。因此我覺得我應該在本書末對於這個陌生的教派加上一些最後的評註，以免爾等野蠻人讀者太過愚蠢，受到誘惑而墮落。

這是一種會吸引奴隸的迷信，他們說「溫柔的人在地上有福了」。我可以向你保證，他錯了，等我死了，我的奴隸唯一會得到的，是適量的遺產，如果他們做得不錯，或許也可以獲得自由！

由於一些莫名其妙的原因，基督徒把自己當成奴隸。他們說，他們是基督的奴隸，把自己的神稱為「主人」。但即使他們滿口仁愛和施捨，你也不應該以為崇拜異教真神的基督徒，對待他們的奴隸與我們有什麼不同。

沒錯，我所遇過所有富裕的基督徒，就像相同社會地位的羅馬人，他們也擁有奴隸。基督徒的教會也擁有奴隸，與議會沒有兩樣。

你別以為基督徒甘願讓自己的奴隸隨便造反，他們也告訴奴隸要服從主人。如果奴隸不聽話，照樣被打得半死。我聽說有個女基督徒竟然把自己的女童奴打死了，然後教會當局將女主人處以逐出教會五年的處罰，如果證實行為故意，則判處七年。

當然，基督徒也會盡義務將逃跑的奴隸返還他的主人。他們有一個領袖叫作保羅，就把一個逃出來尋求庇護的奴隸，送回給他的主人腓利門。我相信保羅試圖說服奴隸的合法所有者，要和善地對待奴隸（至於保羅究竟有沒有這麼做，我並不知道，不過怎樣都沒關係），重點是我們要知道，保羅有善盡他的法律義務，不窩藏逃犯。

基督徒與我們對於奴隸的想法是一致的。自以為是知識分子文青的基督徒，總是攻擊同一教派的富有成員，認為他們有罪。這些文青說，他們的行為就像他們養的奴隸一樣惡劣；奴隸愛偷盜，會逃跑，或是根本就被慾望和貪婪所佔據，都與主人沒兩樣。基督徒也跟我們羅馬人一樣，認為奴隸是壞東西。他們採納我們的認知，認為奴隸的道德低劣，奴隸和沒道德幾乎可以說是同義詞。當然，他們也採納我們的看法，認為即使是最卑鄙最低賤的人，也可能行為高尚。但是，突發的高尚行為，只是更證明了這個規則，沒有什麼意義。

說實話，基督徒自己往往變成奴隸而不自知，我想或許是因為他們本身就具有奴隸的背景。他們稱為教宗的一個最高領導人，從前就是一個奴隸騙子。顯然地，有一個奴隸叫作加利斯多（Callistus），就是這種人，他曾是富人卡波佛魯斯（Carpophorus）的奴隸。卡波佛魯斯是基督教的信徒，但他隸屬於皇家，倚賴皇家賺進財富。

有一天，卡波佛魯斯把一大筆錢交給加利斯多，因為他認為加利斯多是一個可靠的人，於是指示他到公共魚市作生意，設立一間銀行。由於加利斯多財務資源的後台具有皇家背景，不久，許多基督徒都把錢存到他的銀行裡，銀行累積了大量存款。但加利斯多偷偷把錢都花光了，一點也不剩，最後陷入困境。

有人發現這件事，向卡波佛魯斯告發，卡波佛魯斯趕緊去找加利斯多，命令他出示帳目檢查。加利斯多在危急之中非常害怕，因此決定越過大海逃跑。他在港口找到一艘船準備啟航，他高興得立即登船，不在乎船要航行到哪裡。但是，有人發現了他，跑去向卡波佛魯斯報告。卡波佛魯斯趕到港口，想要登船。由於加利斯多擔心，如果他被抓回去，等待他的將是可怕的處罰，於是他就跳海自殺。但岸上的人看見了，大喊大叫，水手跳入小船，救起了不想活的加利斯多，交還正主，送上馬車運到羅馬。

主人非常生氣，認為加利斯多無能又詐欺，於是罰他到磨坊工作。但一段時間後，一個基督徒去見卡波佛魯斯，懇求他釋放奴隸，赦免他的處罰。由於主人的仁慈，他最後心軟釋放了加利斯多，條件是加利斯多要把所有錢還回來。但加利斯多沒有錢，又受到嚴密監視而無法再次逃跑，所以他決定要自殺，不然就乾脆面對極刑。

於是一個星期六，他被帶到會堂，裡面聚集了許多猶太人，場面漸漸失控。

猶太人對於他的行為感到很生氣，開始侮辱和毆打他。然後，他們拖他去見市政長官傅相努斯（Fuscianus），抱怨這個基督徒侵害了公共治安。市政長官大怒，但又有人去告訴卡波佛魯斯，於是他來到法院，告知法官，這奴隸只是一個騙子，因為他偷了很多錢，想要被殺。但猶太人認為卡波佛魯斯上當了，被騙要放了奴隸。因此，猶太人更激烈地向市政長官抗議。市政長官終於被說服，下令鞭打加利斯多，然後判處他到撒丁島的礦坑服刑。

即使到了這個地步，這位奴隸也沒有停止耍花招。當時，加利斯多在礦區遇到了一些基督徒，這些人與高高在上的皇家有關係。於是加利斯多設法成為他們的一份子，最後一起獲得了自由。然而，安排釋放的羅馬主教發現自己在不知不覺中放走了一個罪犯，非常尷尬，於是把加利斯多送到安廷姆（Antium）禁閉，每個月還有津貼。誰說犯罪沒有代價！後來，這個邪惡的奴隸騙子變成了基督教教堂的管理員，最後竟成為教宗。這些社會中的下等人，具有與階級相稱的道德卑劣，這就是基督教的領導者。

我了解基督徒想要改變奴隸的一些待遇。他們相信，奴隸被賣掉，被迫與家人分離是錯的。他們說，假如有朝一日基督徒變成皇帝（最好是！），他會下令販賣奴隸的時候，必須丈夫連同妻子，父母連同孩子，一起出售。他們將下令逃跑的奴隸不必處烙刑或紋面。但你應該要注意，基督徒這樣做的原因並不是因為他們同情逃犯，他們仍然認為逃犯有罪，但是基督徒認為人的面容是依照神的形象所製作，因此不可以毀壞，因此他們只是不在罪犯的臉上作記號，而是改在腳底或腿上。我相信他們也想立法規定，那些被主人強迫賣淫的女奴，都應該自動被釋放。

基督徒當然不像引發我寫這本書的阿蘭族一樣，大驚小怪地認為不應該有奴隸。但基督徒有一個觀點與我們相同：「提供良好服務多年的奴隸，應該要被釋放」。我知道他們的做法是在復活節慶典中，把服侍他們滿六年的奴隸釋放。基督教會經常促使奴隸的解放。在絕大多數基督徒的眼裡，主教所管理的教會法院，與羅馬法院羅馬具有同等的權威。

基督徒似乎總是特別關注性議題，因此他們也特別關注奴隸的性議題。有些基督徒認為，主人與奴隸同床是錯誤的。他們認為，若一家之主的主人，行為舉止像個年輕女奴的丈夫，主人妻子的地位其實就與奴隸相去不遠。他們說，當主人的行為破壞了道德，就等於破壞了奴隸的道德。他們辯稱，主人身為一家之主的地位，就像身體的頭部，主人的一舉一動為眾人設立了標準。他們不放過主人，繼續爭辯，認為主人強迫女奴與他睡覺，女奴沒有辦法，只好違背自己的意願，服從主人，造成女奴行為放蕩，成為他人慾望的奴隸。這是常見的基督教廢話。

如果你相信，在現實中，富有的基督徒主人不會做同樣的事，與他們的女奴睡覺，你也未免太幼稚。他們為什麼不應該和女奴睡覺？畢竟，女奴難道不享受主人的到訪嗎？

第十一章
評註

基督教早期著作中充滿了有關奴隸的意象。「天主（Lord）」的拉丁文*Dominus*，用法與「主人（master）」相同。而英文redemption「贖回」這個字在拉丁文中的意思是「買回一個人的自由」。

《新約》裡面也有許多描述奴隸待遇的部分。這些都可能反映了一個事實，即早期的基督教是屬於受壓迫者的宗教，因此對於奴隸具有較大的吸引力。或者也可以反過來說，這表示奴隸制度無所不在，深入各種社會階層的生活，甚至影響了新興宗教。另外還可能顯示，許多奴隸主人都是基督教的追隨著，因此也影響了基督教的表現。因此我們不該假設基督教在本質上，比其他早期形式的古代思想——如斯多葛學派——對待奴隸更好。

我們會以為，基督教義改善了奴隸的狀況。但並沒有證據顯示，基督教主人對待奴隸，比非基督教的主人更好。許多基督教作家都與異教徒作家一樣，似乎都不重視他們的奴隸。

《路加福音》7: 1-10中，耶穌治癒了一個百夫長的奴隸，並讚揚百夫長的信心，卻沒有對奴隸說什麼，基督教作家便認為是奴隸行為不當。因此，我們發現許多例子，基督教作家把他們信徒的不良行為，比作那些你通常會從奴隸身上所看到的行為。但是，基督教經文也像斯多葛派作家一樣，經常強調奴隸也能謹守道德。

在另一個例子中，聖保羅小心翼翼，注意不要觸犯羅馬法律窩藏逃犯。他把一個逃跑的奴隸送回給主人腓利門。保羅關注的是要確保腓利門從輕發落奴隸。這至少說明，基督徒有一種理想，認為主人應該善待他的奴隸。然而，這種理想也存在於我們在第四章所見的異教哲學中。這些是否對於地上的現實世界，有很大的影響？很難說。

保羅還告訴奴隸，應該要服從主人。但他也說，奴隸的痛苦好比基督所受的苦難。這點出了奴隸未來救贖的前景一片大好。保羅完全沒有暗示希望奴隸應該叛變或甚至抗議自己的狀況。相反地，保羅還告訴他們，「要順服自己的主人，凡事討他的喜歡，不可頂撞他，不可私拿東西，要顯為忠誠。」（保羅《提多書》2: 9-10）。一些後來的基督教作家，如金口約翰（John Chrysostom），解釋保羅把奴隸送回給腓利門，代表的含義是奴隸制度不應被廢除。

君士坦丁皇帝在西元三一二年改信基督教，但此舉並沒有使奴隸的困境改變多少。然而他的確有修改法律，禁止奴隸販賣拆散奴隸的家庭（《狄奧多西法典》2.25），禁止在奴隸臉上紋面，也不准奴隸被主人用作賣淫，最後這條法律體現了基督教重視身體的道德性。表示主人對奴隸的性行為獲得了關注，這一點則與羅馬人不同。

直到第四世紀晚期，尼撒的格列哥里（Gregory of Nyssa）於《傳道書》（Fourth Homily on Ecclesiastes）首度寫下基督經文，攻擊奴隸制度。人們認為這份古文是異教或基督教首度呼籲廢除奴隸制度，不過目前尚不清楚他當時提出的論調是否過於激進。或許他可能只是想要試圖說服基督教主人好好對待他們的奴隸。

雖然他大聲疾呼廢除奴隸制度，他仍是古代一個孤獨的聲音。

加利斯多在故事中是個無恥之徒，這個故事是由他的死對頭希坡利達，（Hippolytus）在《駁斥異端》（*The Refutation of All Heresies* 9.12.1）中所寫。後來加利斯多在西元二一七至二二二年當上教宗。這告訴我們，故事就是茶餘飯後的閒話。這也點出我們應該小心，不要以為基督教對奴隸的態度是統一的。基督徒對於奴隸的觀點，就像羅馬人一樣，莫衷一是，各有見解，並會隨時間顯著變化。

一個基督教證道的例子，認為奴隸的道德低劣，可見於薩爾維安《上帝的統治》（Salvian *The Governance of God* 4.3），同書還有基督教對奴隸受到主人性剝削，抱持較嚴格的態度（Salvian 7.4）。基督徒皇帝君士坦丁立法禁止強迫奴隸賣淫，見於《狄奧多西法典》15.8.2。保羅把逃跑的奴隸阿尼西母送還給他的主人，見於《腓利門書》（*Letter to Philemon*）。

結語
再會！

最後，這些原則是關於奴隸的所有權和管理。如果你閱讀並研究了我的文字，你應該期待你的奴隸關心主人，辛勤工作，這樣表示你已獲得所需的知識，懂得如何管理一個高效而成功的家庭。你會知道如何對下屬命令指揮，並要求他們尊重你。你會認識一些奴隸制度的理論。你會明白如何使奴隸運作良好，怎樣對待奴隸最好，以及如何從你的資產獲得最高的快感。你會知道送奴隸走上自由之路的適當時機，成為庇主事業的忠誠僕人。這樣一來，隨著地位躍升和領導角色，你將體驗到隨之而來的陰謀陷阱。但是，你將能趨吉避凶。總之，你會知道如何成為主人。

結語評註

如今已沒有人像傅可斯一樣，可以接受奴隸制度，或認為那是合理的。但是，在我們慶喜自己有多麼進步之前，我們應該記住，即使世界上每個國家都視奴隸制度為非法，但事實很悲慘，直到今天奴隸依然廣泛存在。現代國際著名NGO「解放奴隸組織」（Free the Slaves）估計全世界約有兩千七百萬人受到暴力威脅而被迫工作，沒有工資，也沒有逃走的希望。如今世界上奴隸的人數，已超過古羅馬帝國的任何時期。

深入閱讀

這些古羅馬古典文本的良好英文翻譯，大多可見於 Loeb Classical Library 或 Penguin Classics 系列。下列三本資料查詢書，亦涵蓋一系列與古代奴隸制度相關的文本摘錄。原始拉丁和希臘文本，可從 Loeb Classical Library 迅速切入，初步都有翻譯。更完整的原始文獻資料，可見於 Teubner series 的翻譯版本。

古代西方奴隸制度的一般書籍資料：

Finley, M. I., *Ancient Slavery and Modern Ideology*, revised ed. by B. D. Shaw, Princeton, NJ: Markus Wiener Publishers, 1998.

Finley, M. I. (ed.), *Classical Slavery*, with a new introduction by W. Scheidel, London: Cass, 1999.

Garnsey, P., *Ideas of Slavery from Aristotle to Augustine*, Cambridge: Cambridge university Press, 1996.

Heuman, G., and Burnard, T., (eds), *The Routledge History of Slavery*, Abingdon, Oxon: Routledge, 2011.

資料查詢：

Lewis, N., and Reinhold, M. (eds), *Roman Civilization: A Sourcebook*, New York: Harper Row, 1966.

Shelton, J., *As the Romans Did: A Sourcebook in Roman Social History*, Oxford: Oxford university Press, 1998.

Wiedemann, T. E. J., *Greek and Roman Slavery*, London: Croom Helm, 1981.

關於古羅馬奴隸制度的書籍資料：

Beard, M., 'Ciceronian Correspondences: Making a Book out of Letters', In T. P. Wiseman (ed.), *Classics in Progress: Essays on Ancient Greece and Rome*, Oxford: Oxford university Press, 2002, pp. 103-44.

Bradley, K., *Slavery and Rebellion in the Roman World 14 0 B. C.-70 B.C.*, Bloomington, Ind.: Indiana university Press, 1989.

Bradley, K., *Slavery and Society at Rome*, Cambridge: Cambridge university Press, 1994.

Bradley, K., *Slaves and Masters in the Roman Empire: A Study in Social Control*, Oxford: Oxford university Press, 1984.

Fitzgerald, W., *Slavery and the Roman Literary Imagination*, Cambridge: Cambridge university Press, 2000.

Glancy, J. A., *Slavery in Early Christianity*, Oxford: Oxford university Press, 2002.

Harper, K., Slavery in the Late Roman World, AD 275-425, Cambridge: Cambridge university Press, 2011.

Harris, W. V., 'Demography, geography and the sources of Roman slaves', *Journal of Roman Studies*, 89 (1999), 62-75.

Hopkins, K., *Conquerors and Slaves*, Cambridge: Cambridge university Press, 1978.

Hopkins, K., 'Novel evidence for Roman slavery', Past & Present, 13 8 (1993), 3-27.

Joshel, S. R., *Slavery in the Roman World*, Cambridge: Cambridge university Press, 2010.

Mouritsen, H., *The Freedman in the Roman World*, Cambridge: Cambridge university Press, 2011.

Story12

如何豢養一隻奴隸:古羅馬管理學聖經

作　者　馬庫斯・希多尼斯・傅可斯

審定者　傑利・透納
譯　者　筆鹿工作室
主　編　陳文君
責任編輯　李芸
封面設計　高偉哲
出版者　智富出版有限公司
地　址　(231) 新北市新店區民生路19號5樓
電　話　(02) 2218-3277
傳　真　(02) 2218-3239 (訂書專線) (02) 2218-7539
劃撥帳號　19816716
戶　名　智富出版有限公司
單次郵購總金額未滿500元 (含) ，請加80元掛號費
世茂網站　www.coolbooks.com.tw
排版製版　辰皓國際出版製作有限公司
印　刷　傳興彩色印刷股份有限公司
初版一刷　2016 年 8 月
九刷　2024 年 8 月

ISBN　978-986-6151-96-5
定　價　360元

How to Manage Your Slaves by Marcus Sidonius Falx
By Jerry Toner
This edition is published by arrangement with Profile Books Limited
through Andrew Nurnberg Associates International Limited.